俄语系列图书

大学俄语词汇手册

第 1 册

总 主 编　王利众　张廷选
本册主编　孙晓薇　王鸿雁
编　　者　王利众　王鸿雁　孙晓薇
　　　　　张廷选　韩振宇　童　丹

贴近生活 ● 语言规范
内容丰富 ● 实用帮手

大家一起从说俄语

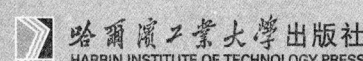
哈尔滨工业大学出版社
HARBIN INSTITUTE OF TECHNOLOGY PRESS

图书在版编目(CIP)数据

大学俄语词汇手册. 第1册/王利众主编. —哈尔滨:哈尔滨工业大学出版社,2016.1
ISBN 978-7-5603-4938-1

Ⅰ.①大…　Ⅱ.①王…　Ⅲ.①俄语-词汇-高等学校-教学参考资料　Ⅳ.①H353

中国版本图书馆 CIP 数据核字(2015)第 290960 号

责任编辑	甄淼淼
封面设计	刘长友
出版发行	哈尔滨工业大学出版社
社　　址	哈尔滨市南岗区复华四道街 10 号　邮编 150006
传　　真	0451-86414749
网　　址	http://hitpress.hit.edu.cn
印　　刷	哈尔滨久利印刷有限公司
开　　本	787mm×1092mm　1/16　印张 10.5　字数 350 千字
版　　次	2016 年 1 月第 1 版　2016 年 1 月第 1 次印刷
书　　号	ISBN 978-7-5603-4938-1
定　　价	23.80 元

(如因印装质量问题影响阅读,我社负责调换)

 # 前　言

词汇是学习俄语的基础，只有积累大量的词汇才能熟练掌握听、说、读、写、译等各项言语技能。本书在大学俄语教学实践的基础上，根据俄语专业零起点学生的特点编写而成。

本书有如下特点：

1. 每课的词汇给出注释。由于第一册的词汇涉及一些没学到的语法知识，因此，每课需要掌握的词汇知识不同，如第一课只需学生记住该课词汇，第二课需要掌握名词的性和简单的复数形式。但考虑到有些词的词形变化特殊，如 сын 的复数是 сыновья，可能在以后的课文中出现时不是生词，但在第二课还没学到字母 я，所以在该课出现了备注，可以在后来的学习中查询使用。这样就可以保证每课的内容都不超过教学大纲的要求。

2. 名词给出变格形式，动词给出变位及过去时形式，方便学生学习时检查自己的学习效果。

3. 每课的重点词汇（如变格特殊、变位特殊）均给出示例，方便掌握。

4. 每课"词汇记忆"均有俄、汉、英三种语言对照，学生使用时可以只看汉语解释，口头译成俄语，同时可以复习英语表达方式（为了增加记忆效果，本书把相同词性的词，如名词、动词归纳在一起）。

编写该书是一种新的尝试，欢迎广大读者批评指正。

哈尔滨工业大学俄语系
王利众
wanglizhongs@163.com
2015 年夏

目 录

第一课
一、词汇导读　//1
二、词汇注释　//1
三、词汇重点　//2
四、词汇记忆　//2
五、词汇造句　//3

第二课
一、词汇导读　//4
二、词汇注释　//4
三、词汇重点　//6
四、词汇记忆　//7
五、词汇造句　//7

第三课
一、词汇导读　//8
二、词汇注释　//8
三、词汇重点　//12
四、词汇记忆　//14
五、词汇造句　//15

第四课
一、词汇导读　//16
二、词汇注释　//16
三、词汇重点　//19

四、词汇记忆　//21
　　五、词汇造句　//22

第五课

　　一、词汇导读　//23
　　二、词汇注释　//23
　　三、词汇重点　//27
　　四、词汇记忆　//28
　　五、词汇造句　//30

第六课

　　一、词汇导读　//31
　　二、词汇注释　//31
　　三、词汇重点　//34
　　四、词汇记忆　//35
　　五、词汇造句　//36

第七课

　　一、词汇导读　//37
　　二、词汇注释　//37
　　三、词汇重点　//42
　　四、词汇记忆　//44
　　五、词汇造句　//46

第八课

　　一、词汇导读　//47
　　二、词汇注释　//47
　　三、词汇重点　//48
　　四、词汇记忆　//49
　　五、词汇造句　//49

第九课

　　一、词汇导读　//51
　　二、词汇注释　//51
　　三、词汇重点　//54

四、词汇记忆 //54
五、词汇造句 //56

第十课
一、词汇导读 //57
二、词汇注释 //57
三、词汇重点 //60
四、词汇记忆 //61
五、词汇造句 //62

第十一课
一、词汇导读 //64
二、词汇注释 //64
三、词汇重点 //67
四、词汇记忆 //68
五、词汇造句 //69

第十二课
一、词汇导读 //71
二、词汇注释 //71
三、词汇重点 //75
四、词汇记忆 //76
五、词汇造句 //77

第十三课
一、词汇导读 //79
二、词汇注释 //79
三、词汇重点 //83
四、词汇记忆 //83
五、词汇造句 //85

第十四课
一、词汇导读 //86
二、词汇注释 //86
三、词汇重点 //88

四、词汇记忆 //89
　　五、词汇造句 //90

第十五课

　　一、词汇导读 //92
　　二、词汇注释 //92
　　三、词汇重点 //95
　　四、词汇记忆 //95
　　五、词汇造句 //97

第十六课

　　一、词汇导读 //98
　　二、词汇注释 //98
　　三、词汇重点 //101
　　四、词汇记忆 //102
　　五、词汇造句 //103

第十七课

　　一、词汇导读 //105
　　二、词汇注释 //105
　　三、词汇重点 //108
　　四、词汇记忆 //109
　　五、词汇造句 //111

第十八课

　　一、词汇导读 //113
　　二、词汇注释 //113
　　三、词汇重点 //115
　　四、词汇记忆 //116
　　五、词汇造句 //117

附录Ⅰ　第一册词汇测试 //120
附录Ⅱ　第一册词汇表 //122
附录Ⅲ　第一册重点词汇 //148
参考文献 //157

第一课

 一、词汇导读

俄语是俄罗斯联邦的官方语言,也是联合国六种正式工作语言(汉语、英语、俄语、法语、西班牙语、阿拉伯语)之一。

俄语常用的词汇有 2~3 万个。据统计,俄语标准语的奠基人、俄罗斯著名诗人普希金作品共使用 21 197 个不同的词汇。如果掌握 11 100 个词汇,即可以覆盖俄语作品的 97.6% 的词汇。俄语口语中常用的词汇约有 3 000 个左右。

俄语的词汇分为十大类,即:名词、动词、形容词、代词、数词、副词、前置词、连接词、语气词和感叹词。

 二、词汇注释

пáпа	[名词]	爸爸
мáма	[名词]	妈妈
там	[副词]	那里
тут	[副词]	这里
от	[前置词]	从……,由……
у	[前置词]	在……旁边,在……那里
ум	[名词]	智慧,智力
томáт	[名词]	番茄
потóм	[副词]	然后
потомý	[副词]	因此,所以
э́то	[语气词]	这是
поэ́т	[名词]	诗人
поэ́тому	[副词]	所以,因此
а	[连接词]	而 Это мáма, а э́то пáпа. 这是妈妈,这是爸爸。

☞以下知识在本课可以不用掌握,供以后查阅①

пáпа　　　　[阳性]爸爸

---

① 俄语词汇有单数六个格和复数六个格的变化,因为我们还没学到名词的变格,所以标有"以下知识在本课可以不用掌握,供以后查阅"的内容只作为以后使用时参考。

	[变格]单数:*па́па*, *па́пы*, *па́пе*, *па́пу*, *па́пой*, *о па́пе*; 复数:*па́пы*, *пап*, *па́пам*, *пап*, *па́пами*, *о па́пах*
ма́ма	[阴性]妈妈
	[变格]单数:*ма́ма*, *ма́мы*, *ма́ме*, *ма́му*, *ма́мой*, *о ма́ме*; 复数:*ма́мы*, *мам*, *ма́мам*, *мам*, *ма́мами*, *о ма́мах*
ум	[阳性]智慧,智力
	[注意]*ум* 变格时重音后移
	[变格]单数:*ум*, *ума́*, *уму́*, *ум*, *умо́м*, *об уме́*
тома́т	[阳性]番茄
	[变格]单数:*тома́т*, *тома́та*, *тома́ту*, *тома́т*, *тома́том*, *о тома́те*
поэ́т	[阳性]诗人
	[变格]单数:*поэ́т*, *поэ́та*, *поэ́ту*, *поэ́та*, *поэ́том*, *о поэ́те*; 复数:*поэ́ты*, *поэ́тов*, *поэ́там*, *поэ́тов*, *поэ́тами*, *о поэ́тах*

三、词汇重点

а	[连接词]而
	[注意]在句子中通常不用译成汉语。例如:Это па́па, а э́то ма́ма. 这是爸爸,这是妈妈。

四、词汇记忆①

па́па	爸爸	dad
ма́ма	妈妈	mum
тома́т	番茄	tomato
ум	智慧,智力	mind, intellect, wits
поэ́т	诗人	poet
там	那里	there
тут	这里	here
пото́м	然后	then, after
потому́	因此,所以	that is why
поэ́тому	所以,因此	therefore, and so
от	从……,由……	from
у	在……旁边,在……那里	by, at
э́то	这是	This is
а	而	but (or not translated)

---

① 词汇记忆部分,使用者可以只看汉语或英语解释来背诵俄语词汇。

五、词汇造句

a　　[连接词]而
　　　　Máма тут, а па́па там. 妈妈在这儿，爸爸在那儿。

第二课

一、词汇导读

俄语名词有阳性、阴性、中性的区分。从本课起要能区分名词的性。

俄语名词(一般是具体名词)有数的变化,抽象名词、物质名词和集合名词一般没有复数形式。从本课起要会把名词变成复数形式。

二、词汇注释

кот	[阳性]猫
	[复数]коты́
кто	[代词]谁
он	[代词]他,它
она́	[代词]她,它
но	[连接词]但是
окно́	[中性]窗户 у окна́ 在窗旁
	[复数]о́кна
и	[连接词]和
пока́	[副词]暂时
	[连接词]当……时候
	[语气词]再会,回头见
у́тка	[阴性]鸭子
ка́сса	[阴性]收款台
	[复数]ка́ссы
капу́ста	[阴性]白菜
	[复数]капу́сты
ко́мната	[阴性]房间
	[复数]ко́мнаты
нос	[阳性]鼻子
	[复数]носы́
сок	[阳性]果汁
суп	[阳性]汤
	[复数]супы́
сон	[阳性]梦
мост	[阳性]桥

	[复数]мосты́
сто	[数词]一百
со́ус	[阳性]调味汁
	[复数]со́усы
у́ксус	[阳性]醋
сын	[阳性]儿子
ко́смос	[阳性]宇宙
так	[副词]这样
как	[副词]如何,怎样
анана́с	[阳性]菠萝
	[复数]анана́сы

☞ **以下知识在本课可以不用掌握,供以后查阅**

кот	[阳性]猫
	[注意]кот 变格时重音后移
	[变格]单数:кот, кота́, коту́, кота́, кото́м, о коте́;复数:коты́, кото́в, кота́м, кото́в, кота́ми, о кота́х
окно́	[中性]窗户
	[注意]变复数各格时重音前移
	[变格]单数:окно́, окна́, окну́, окно́, окно́м, об окне́;复数:о́кна, о́кон, о́кнам, о́кна, о́кнами, об о́кнах
у́тка	[阴性]鸭子
	[变格]单数:у́тка, у́тки, у́тке, у́тку, у́ткой, об у́тке;复数:у́тки, у́ток, у́ткам, у́ток, у́тками, об у́тках
ка́сса	[阴性]收款台
	[变格]单数:ка́сса, ка́ссы, ка́ссе, ка́ссу, ка́ссой, о ка́ссе;复数:ка́ссы, касс, ка́ссам, ка́ссы, ка́ссами, о ка́ссах
капу́ста	[阴性]白菜
	[变格]单数:капу́ста, капу́сты, капу́сте, капу́сту, капу́стой, о капу́сте;复数:капу́сты, капу́ст, капу́стам, капу́сты, капу́стами, о капу́стах
ко́мната	[阴性]房间
	[变格]单数:ко́мната, ко́мнаты, ко́мнате, ко́мнату, ко́мнатой, о ко́мнате;复数:ко́мнаты, ко́мнат, ко́мнатам, ко́мнаты, ко́мнатами, о ко́мнатах
нос	[阳性]鼻子
	[注意]单数第六格特殊为 на(в)носу́,变复数各格时重音后移
	[变格]单数:нос, но́са, но́су, нос, но́сом, о но́се(на, в носу́);复数:носы́, носо́в, носа́м, носы́, носа́ми, о носа́х
сок	[阳性]果汁
	[注意]单数第二格有两种形式 со́ка 或 со́ку,单数第六格特殊为 в соку́
	[变格]单数:сок, со́ка(со́ку), со́ку, сок, со́ком, о со́ке(в соку́)

суп	[阳性]	汤

[注意] 单数第二格有两种形式 cýпа 或 cýпy,复数各格重音后移

[变格] 单数：*суп, сýпа (сýпy), сýпy, суп, сýпом, о сýпе*；复数：*супы́, супо́в, супа́м, супы́, супа́ми, о супа́х*

сон	[阳性]	梦

[注意] 变格时 -o- 脱落

[变格] 单数：*сон, сна, сну, сон, сном, о сне*

мост	[阳性]	桥

[注意] 单数第六格特殊为 на мосту́，单数各格有两种重音，复数各格重音后移

[变格] 单数：*мост, мо́ста (моста́), мо́сту (мосту́), мост, мо́стом (мосто́м), о мо́сте (на мосту́)*；复数：*мосты́, мосто́в, моста́м, мосты́, моста́ми, о моста́х*

сын	[阳性]	儿子

[注意] 复数各格形式特殊

[变格] 单数：*сын, сы́на, сы́ну, сы́на, сы́ном, о сы́не*；复数：*сыновья́, сынове́й, сыновья́м, сынове́й, сыновья́ми, о сыновья́х*

ко́смос	[阳性]	宇宙

[变格] 单数：*ко́смос, ко́смоса, ко́смосу, ко́смос, ко́смосом, о ко́смосе*

анана́с	[阳性]	菠萝

[变格] 单数：*анана́с, анана́са, анана́су, анана́с, анана́сом, об анана́се*；复数：*анана́сы, анана́сов, анана́сам, анана́сы, анана́сами, об анана́сах*

三、词汇重点

он	[代词]	他，它

[注意] 俄语中的 *он* 不仅表示"男人"，还可以指代所有的阳性名词。如果表示除"男人"外的其他阳性名词时不要译成"他"，而要译成"它"。例如：Это сок, он тут. 这是果汁，它在这儿。

она́	[代词]	她，它

[注意] 俄语中的 *она́* 不仅表示"女人"，还可以指代所有的阴性名词。如果表示除"女人"外的其他阴性名词时不要翻译成"她"，而要译成"它"。例如：Это у́тка, она́ тут. 这是鸭子，它在这儿。

кот	[阳性]	猫

[注意] *кот* 变成复数时重音后移，是 *коты́*

мост	[阳性]	桥

[注意] *мост* 变成复数时重音后移，是 *мосты́*

нос	[阳性]	鼻子

[注意] *нос* 变成复数时重音后移，是 *носы́*

окно́	[中性]	窗户

[注意] *окно́* 变成复数时重音前移，是 *о́кна*

суп	[阳性]	汤

[注意]有些具有物质意义的名词变成复数时,不是"许多"的意思,而是"各种的……",表示种类多。例如:суп(汤)— супы(各种汤)

四、词汇记忆

кот	猫	cat
окно́	窗户	window
у́тка	鸭子	duck
ка́сса	收款台	cash-desk
капу́ста	白菜	cabbage
ко́мната	房间	room
нос	鼻子	nose
сок	果汁	juice
суп	汤	soup
сон	梦	dream
мост	桥	bridge
со́ус	调味汁	sauce
у́ксус	醋	vinegar
сын	儿子	son
ко́смос	宇宙	cosmos, outer space
анана́с	菠萝	pineapple
кто	谁	who
он	他,它	he, it
она́	她,它	she, it
оно́	它	it
пока́	暂时;当……的时候;再会,回头见	for the present; while; bye-bye
опа́сно	危险	dangerous
так	这样	so, thus, in this way
как	如何,怎样	how
но	但是	but
и	和	and
сто	一百	hundred

五、词汇造句

и　　[连接词]和
　　　Инна там. И Эмма там. 茵娜在那儿,爱玛也在那儿。
　　　Па́па у окна́. И ма́ма у окна́. 爸爸在窗旁,妈妈也在窗旁。

第三课

一、词汇导读

本课要掌握名词的数,特别是一些特殊变化的名词的数,如 дом — домá, пáспорт — паспортá, пóвар — поварá, гóрод — городá。

二、词汇注释

дом	[阳性]	房子
	[复数]	домá
дóма	[副词]	在家里
вот	[语气词]	这就是,你看
вы	[代词]	你们,您
вы́ставка	[阴性]	展览;展览会
суббóта	[阴性]	星期六 в суббóту 在星期六
	[复数]	суббóты
собáка	[阴性]	狗
сýмка	[阴性]	手提包
стакáн	[阳性]	杯子
	[复数]	стакáны
банк	[阳性]	银行
бýква	[阴性]	字母
	[复数]	бýквы
банáн	[阳性]	香蕉
	[复数]	банáны
космонáвт	[阳性]	宇航员
	[复数]	космонáвты
кóфта	[阴性]	女短上衣
	[复数]	кóфты
сад	[阳性]	花园,果园
	[复数]	сады́
да	[语气词]	是的
фонтáн	[阳性]	喷泉 у фонтáна 在喷泉旁
автóбус	[阳性]	公共汽车
	[复数]	автóбусы

вуз	[阳性]	高等学校
	[复数]	вýзы
вáза	[阴性]	花瓶
	[复数]	вáзы
пóвар	[阳性]	厨师
	[复数]	поварá
завóд	[阳性]	工厂
	[复数]	завóды
зáвтрак	[阳性]	早餐
мýзыка	[阴性]	音乐
музыкáнт	[阳性]	音乐家
	[复数]	музыкáнты
когдá	[副词]	什么时候
погóда	[阴性]	天气
ногá	[阴性]	脚,腿
газ	[阳性]	天然气
горá	[阴性]	山
	[复数]	гóры
гóрод	[阳性]	城市
	[复数]	городá
бар	[阳性]	酒吧
	[复数]	бáры
спорт	[阳性]	体育
пáспорт	[阳性]	护照
	[复数]	паспортá
торт	[阳性]	蛋糕
	[复数]	тóрты
рáно	[副词]	早
урóк	[阳性]	功课,课
ýтро	[中性]	早晨
ýтром	[副词]	在早晨
рабóта	[阴性]	工作;作品
	[复数]	рабóты(作品)
грýппа	[阴性]	班级;小组
	[复数]	грýппы
друг	[阳性]	朋友
подрýга	[阴性]	(女)朋友
брат	[阳性]	兄弟
рукá	[阴性]	手
рынок	[阳性]	市场

вход	[阳性]入口	
	[复数]вхóды	
ýхо	[中性]耳朵	
сýхо	[副词]干燥	
cáхар	[阳性]糖	
Дон	[阳性]顿河	
Москвá	[阴性]莫斯科	
Бакý	[阳性]巴库	

☞ 以下知识在本课可以不用掌握，供以后查阅

вы́ставка [阴性]展览；展览会
[变格]单数：вы́ставка, вы́ставки, вы́ставке, вы́ставку, вы́ставкой, о вы́ставке；复数：вы́ставки, вы́ставок, вы́ставкам, вы́ставки, вы́ставками, о вы́ставках

суббóта [阴性]星期六
[变格]单数：суббóта, суббóты, суббóте, суббóту, суббóтой, о суббóте；复数：суббóты, суббóт, суббóтам, суббóты, суббóтами, о суббóтах

собáка [阴性]狗
[变格]单数：собáка, собáки, собáке, собáку, собáкой, о собáке；复数：собáки, собáк, собáкам, собáк, собáками, о собáках

сýмка [阴性]手提包
[变格]单数：сýмка, сýмки, сýмке, сýмку, сýмкой, о сýмке；复数：сýмки, сýмок, сýмкам, сýмки, сýмками, о сýмках

стакáн [阳性]杯子
[变格]单数：стакáн, стакáна, стакáну, стакáн, стакáном, о стакáне；复数：стакáны, стакáнов, стакáнам, стакáны, стакáнами, о стакáнах

банк [阳性]银行
[变格]单数：банк, бáнка, бáнку, банк, бáнком, о бáнке；复数：бáнки, бáнков, бáнкам, бáнки, бáнками, о бáнках

бýква [阴性]字母
[变格]单数：бýква, бýквы, бýкве, бýкву, бýквой, о бýкве；复数：бýквы, букв, бýквам, бýквы, бýквами, о бýквах

банáн [阳性]香蕉
[变格]单数：банáн, банáна, банáну, банáн, банáном, о банáне；复数：банáны, банáнов, банáнам, банáны, банáнами, о банáнах

космонáвт [阳性]宇航员
[变格]单数：космонáвт, космонáвта, космонáвту, космонáвта, космонáвтом, о космонáвте；复数：космонáвты, космонáвтов, космонáвтам, космонáвтов, космонáвтами, о космонáвтах

кóфта [阴性]女短上衣

	[变格]	单数：кóфта, кóфты, кóфте, кóфту, кóфтой, о кóфте; 复数：кóфты, кофт, кóфтам, кóфты, кóфтами, о кóфтах
фонтáн	[阳性]	喷泉
	[变格]	单数：фонтáн, фонтáна, фонтáну, фонтáн, фонтáном, о фонтáне; 复数：фонтáны, фонтáнов, фонтáнам, фонтáны, фонтáнами, о фонтáнах
автóбус	[阳性]	公共汽车
	[变格]	单数：автóбус, автóбуса, автóбусу, автóбус, автóбусом, об автóбусе; 复数：автóбусы, автóбусов, автóбусам, автóбусы, автóбусами, об автóбусах
вуз	[阳性]	高等学校
	[变格]	单数：вуз, вýза, вýзу, вуз, вýзом, о вýзе; 复数：вýзы, вýзов, вýзам, вýзы, вýзами, о вýзах
вáза	[阴性]	花瓶
	[变格]	单数：вáза, вáзы, вáзе, вáзу, вáзой, о вáзе; 复数：вáзы, ваз, вáзам, вáзы, вáзами, о вáзах
завóд	[阳性]	工厂
	[变格]	单数：завóд, завóда, завóду, завóд, завóдом, о завóде; 复数：завóды, завóдов, завóдам, завóды, завóдами, о завóдах
зáвтрак	[阳性]	早餐
	[变格]	单数：зáвтрак, зáвтрака, зáвтраку, зáвтрак, зáвтраком, о зáвтраке; 复数：зáвтраки, зáвтраков, зáвтракам, зáвтраки, зáвтраками, о зáвтраках
мýзыка	[阴性]	音乐
	[变格]	单数：мýзыка, мýзыки, мýзыке, мýзыку, мýзыкой, о мýзыке
музыкáнт	[阳性]	音乐家
	[变格]	单数：музыкáнт, музыкáнта, музыкáнту, музыкáнта, музыкáнтом, о музыкáнте; 复数：музыкáнты, музыкáнтов, музыкáнтам, музыкáнтов, музыкáнтами, о музыкáнтах
погóда	[阴性]	天气
	[变格]	单数：погóда, погóды, погóде, погóду, погóдой, о погóде
газ	[阳性]	天然气
	[变格]	单数：газ, гáза, гáзу, газ, гáзом, о гáзе
бар	[阳性]	酒吧
	[变格]	单数：бар, бáра, бáру, бар, бáром, о бáре; 复数：бáры, бáров, бáрам, бáры, бáрами, о бáрах
спорт	[阳性]	体育
	[变格]	单数：спорт, спóрта, спóрту, спорт, спóртом, о спóрте
торт	[阳性]	蛋糕
	[变格]	单数：торт, тóрта, тóрту, торт, тóртом, о тóрте; 复数：тóрты,

	тóртов, тóртам, тóрты, тóртами, о тóртах
урóк	[阳性]功课,课
	[变格]单数:урóк, урóка, урóку, урóк, урóком, об урóке; 复数:урóки, урóков, урóкам, урóки, урóками, об урóках
рабóта	[阴性]工作;作品
	[变格]单数:рабóта, рабóты, рабóте, рабóту, рабóтой, о рабóте; 复数(意思为"作品"时有复数形式):рабóты, рабóт, рабóтам, рабóты, рабóтами, о рабóтах
грýппа	[阴性]班级;小组
	[变格]单数:грýппа, грýппы, грýппе, грýппу, грýппой, о грýппе; 复数:грýппы, групп, грýппам, грýппы, грýппами, о грýппах
подрýга	[阴性]女(性)朋友
	[变格]单数:подрýга, подрýги, подрýге, подрýгу, подрýгой, о подрýге; 复数:подрýги, подрýг, подрýгам, подрýг, подрýгами, о подрýгах
вход	[阳性]入口
	[变格]单数:вход, вхóда, вхóду, вход, вхóдом, о вхóде; 复数:вхóды, вхóдов, вхóдам, вхóды, вхóдами, о вхóдах
сáхар	[阳性]糖
	[变格]单数:сáхар, сáхара (сáхару), сáхару, сáхар, сáхаром, о сáхаре

三、词汇重点

дом	[阳性]房子
	[注意]дом 的复数形式特殊,以-á 结尾,是домá
пóвар	[阳性]厨师
	[注意]пóвар 的复数形式特殊,以-á 结尾,是поварá
гóрод	[阳性]城市
	[注意]гóрод 的复数形式特殊,以-á 结尾,是городá
пáспорт	[阳性]护照
	[注意]пáспорт 的复数形式特殊,以-á 结尾,是паспортá
сад	[阳性]花园,果园
	[注意]сад 的复数重音后移,是садьí
горá	[阴性]山
	[注音]горá 的复数重音前移,是гóры
фóто	[中性]照片
	[注意]фóто 是中性名词,不变化
кафé	[中性]咖啡馆,小吃店
	[注意]кафé 是中性名词,不变化

☞ **以下知识在本课可以不用掌握，供以后查阅**

дом	[阳性]	房子
	[注意]	дом 复数特殊，变复数各格时重音后移
	[变格]	单数：*дом*, *дóма*, *дóму*, *дом*, *дóмом*, *о дóме*；复数：*домá*, *домóв*, *домáм*, *домá*, *домáми*, *о домáх*

пóвар [阳性] 厨师
　　　[注意] пóвар 复数特殊，变复数各格时重音后移
　　　[变格] 单数：*пóвар*, *пóвара*, *пóвару*, *пóвара*, *пóваром*, *о пóваре*；复数：*поварá*, *поварóв*, *поварáм*, *поварóв*, *поварáми*, *о поварáх*

гóрод [阳性] 城市
　　　[注意] гóрод 复数特殊，变复数各格时重音后移
　　　[变格] 单数：*гóрод*, *гóрода*, *гóроду*, *гóрод*, *гóродом*, *о гóроде*；复数：*городá*, *городóв*, *городáм*, *городá*, *городáми*, *о городáх*

пáспорт [阳性] 护照
　　　[注意] пáспорт 复数特殊，变复数各格时重音后移
　　　[变格] 单数：*пáспорт*, *пáспорта*, *пáспорту*, *пáспорт*, *пáспортом*, *о пáспорте*；复数：*паспортá*, *паспортóв*, *паспортáм*, *паспортá*, *паспортáми*, *о паспортáх*

сад [阳性] 花园，果园
　　　[注意] 单数第六格形式特殊 в саду́，сад 变复数各格时重音后移
　　　[变格] 单数：*сад*, *сáда*, *сáду*, *сад*, *сáдом*, *о сáде*（*в саду́*）；复数：*сады́*, *садóв*, *садáм*, *сады́*, *садáми*, *о садáх*

друг [阳性] 朋友
　　　[注意] друг 的复数各格形式特殊
　　　[变格] 单数：*дру́г*, *дру́га*, *дру́гу*, *дру́га*, *дру́гом*, *о дру́ге*；复数：*друзья́*, *друзе́й*, *друзья́м*, *друзе́й*, *друзья́ми*, *о друзья́х*

брат [阳性] 兄弟
　　　[注意] брат 的复数各格形式特殊
　　　[变格] 单数：*брат*, *брáта*, *брáту*, *брáта*, *брáтом*, *о брáте*；复数：*брáтья*, *брáтьев*, *брáтьям*, *брáтьев*, *брáтьями*, *о брáтьях*

у́хо [中性] 耳朵
　　　[注意] у́хо 的复数各格形式特殊，并且重音有所变化
　　　[变格] 单数：*у́хо*, *у́ха*, *у́ху*, *у́хо*, *у́хом*, *об у́хе*；复数：*у́ши*, *уше́й*, *ушáм*, *у́ши*, *ушáми*, *об ушáх*

ры́нок [阳性] 市场
　　　[注意] ры́нок 变单、复数各格时，-о- 脱落
　　　[变格] 单数：*ры́нок*, *ры́нка*, *ры́нку*, *ры́нок*, *ры́нком*, *о ры́нке*；复数：*ры́нки*, *ры́нков*, *ры́нкам*, *ры́нки*, *ры́нками*, *о ры́нках*

ногá [阴性] 脚，腿
　　　[注意] ногá 变单数第四格和复数各格时重音变化

	[变格]单数:ногá, ногú, ногé, нóгу, ногóй, о ногé; 复数 нóги, ног, ногáм, нóги, ногáми, о ногáх
горá	[阴性]山
	[注意]горá 变单数第四格和复数各格时重音变化
	[变格]单数:горá, горы́, горé, гóру, горóй, о горé; 复数: гóры, гор, горáм, гóры, горáми, о горáх
Дон	[阳性]顿河
	[注意]单数第六格形式特殊
	[变格]单数:Дон, Дóна, Дóну, Дон, Дóном, о Дóне (на Дону́)

 四、词汇记忆

дом	房子	house
вы́ставка	展览;展览会	show; exhibition
суббóта	星期六	Saturday
собáка	狗	dog
сýмка	手提包	bag
стакáн	杯子	glass, tumbler
банк	银行	bank
бýква	字母	letter (of the alphabet)
банáн	香蕉	banana
космонáвт	宇航员	astronaut, cosmonaut, spaceman
фóто	照片	photo
кóфта	女短上衣	(woman's) jacket, cardigan
сад	花园,果园	garden
фонтáн	喷泉	fountain
кафé	咖啡馆,小吃店	cafe
автóбус	公共汽车	bus
вуз	高等学校	institution of higher education
вáза	花瓶	vasa
пóвар	厨师	cook
завóд	工厂	factory, mill
зáвтрак	早餐	breakfast
музыкáнт	音乐家	musician
погóда	天气	weather
ногá	脚,腿	foot, leg
газ	天然气	gas
горá	山	mountain, hill
гóрод	城市	city
бар	酒吧	bar

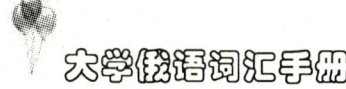

спорт	体育	sport
пáспорт	护照	passport
торт	蛋糕	cake
урóк	功课，课	lesson, homework
ýтро	早晨	morning
рабóта	工作；作品	work, labor
грýппа	班级；小组	group
друг	朋友	friend
подрýга	女性朋友	female friend
брат	兄弟	brother
рукá	手	hand
рынок	市场	market (-place)
вход	入口	entrance
ýхо	耳朵	ear
сáхар	糖	sugar
Москвá	莫斯科	Moscow
Бакý	巴库	Baku
Дон	顿河	Don
вы	你们，您	you
дóма	在家里	at home
когдá	什么时候	when
рáно	早	early
ýтром	在早晨	in the morning
сýхо	干燥	dryly
вот	这就是，你看	here (is), there (is)
да	是的	yes

 **五、词汇造句**

стоит ［动词］(他、她、它) 站立着
   Пóвар стоит у фонтáна. 厨师站在喷泉旁。

一、词汇导读

本课要掌握物主代词(мой, твой, наш, ваш)和形容词(но́вый, ста́рый)的阳性、阴性、中性、复数形式。

二、词汇注释

на	[前置词]	往,向……上面;在……上(面)
футбо́л	[阳性]	足球
вокза́л	[阳性]	火车站 но́вый вокза́л 新火车站
	[复数]	вокза́лы
ла́мпа	[阴性]	灯 моя́ ла́мпа 我的灯
	[复数]	ла́мпы
я́блоко	[中性]	苹果 его́ я́блоко 他的苹果
стол	[阳性]	桌子 но́вый стол 新桌子
	[复数]	столы́
стул	[阳性]	椅子 ста́рый стул 旧椅子
молоко́	[中性]	牛奶 её молоко́ 她的牛奶
ло́дка	[阴性]	船 на́ша ло́дка 我们的船
сала́т	[阳性]	沙拉
сло́во	[中性]	单词 но́вое сло́во 生词
	[复数]	слова́
по́лка	[阴性]	书架 ва́ша по́лка 您的书架
класс	[阳性]	(中小学的)班;年级 наш класс 我们班
	[复数]	кла́ссы
цех	[阳性]	车间 но́вый цех 新车间
центр	[阳性]	中心
	[复数]	це́нтры
конце́рт	[阳性]	音乐会
	[复数]	конце́рты
цена́	[阴性]	价格 но́вая цена́ 新价格
	[复数]	це́ны
цирк	[阳性]	杂技
я	[代词]	我

яйцо́	[中性]	鸡蛋
	[复数]	я́йца
ты	[代词]	你
мы	[代词]	我们
они́	[代词]	他们
мой	[代词]	моя́, моё, мои́ 我的 мой сын 我儿子 моя́ подру́га 我的（女性）朋友 моё фо́то 我的照片 мои́ стака́ны 我的杯子
твой	[代词]	твоя́, твоё, твои́ 你的 твой па́па 你的爸爸 твоя́ рабо́та 你的工作 твоё у́хо 你的耳朵 твои́ су́мки 你的包
сайт	[阳性]	网站 но́вый сайт 新网站
	[复数]	са́йты
её	[代词]	她的,它的
его́	[代词]	他的,它的
по́езд	[阳性]	火车
	[复数]	поезда́
ёлка	[阴性]	云杉,新年枞树
но́вый	[形容词]	но́вая, но́вое, но́вые 新的 но́вый нож 新刀 но́вая шко́ла 新学校 но́вое окно́ 新窗户 но́вые города́ 新城市
ста́рый	[形容词]	ста́рая, ста́рое, ста́рые 旧的 ста́рый дом 老房子 ста́рая подру́га 老朋友 ста́рое фо́то 老照片 ста́рые маши́ны 旧机器,旧汽车
како́й	[代词]	кака́я, како́е, каки́е 什么样的
наш	[代词]	на́ша, на́ше, на́ши 我们的 наш кот 我们的猫 на́ша соба́ка 我们的狗 на́ше фо́то 我们的照片 на́ши повара́ 我们的厨师
ваш	[代词]	ва́ша, ва́ше, ва́ши 你们的,您的 ваш торт 你们（您）的蛋糕 ва́ша ко́мната 你们（您）的房间 ва́ше фо́то 你们（您）的照片 ва́ши я́йца 你们（您）的鸡蛋
шкаф	[阳性]	柜子 наш шкаф 我们的柜子
	[复数]	шкафы́
гру́ша	[阴性]	梨 моя́ гру́ша 我的梨
ша́пка	[阴性]	帽子 ста́рая ша́пка 旧帽子
маши́на	[阴性]	机器,汽车 но́вая маши́на 新机器 моя́ маши́на 我的汽车
	[复数]	маши́ны
карто́шка	[阴性]	土豆
ко́шка	[阴性]	猫,母猫 её ко́шка 她的猫
шко́ла	[阴性]	学校 на́ша шко́ла 我们的学校 но́вая шко́ла 新学校
	[复数]	шко́лы
муж	[阳性]	丈夫 её муж 她的丈夫
жена́	[阴性]	妻子 его́ жена́ 他的妻子
	[复数]	жёны
инжене́р	[阳性]	工程师

	[复数]инженéры
нож	[阳性]刀子 нóвый нож 新刀
ýжин	[阳性]晚饭
	[复数]ýжины
Еврóпа	[阴性]欧洲
Шанхáй	[阳性]上海

☞ **以下知识在本课可以不用掌握，供以后查阅**

футбóл	[阳性]足球
	[变格]单数：футбóл, футбóла, футбóлу, футбóл, футбóлом, о футбóле
вокзáл	[阳性]火车站
	[变格]单数：вокзáл, вокзáла, вокзáлу, вокзáл, вокзáлом, о вокзáле；复数：вокзáлы, вокзáлов, вокзáлам, вокзáлы, вокзáлами, о вокзáлах
лáмпа	[阴性]灯
	[变格]单数：лáмпа, лáмпы, лáмпе, лáмпу, лáмпой, о лáмпе；复数：лáмпы, ламп, лáмпам, лáмпы, лáмпами, о лáмпах
яблоко	[中性]苹果
	[变格]单数：яблоко, яблока, яблоку, яблоко, яблоком, о яблоке；复数：яблоки, яблок, яблокам, яблоки, яблоками, о яблоках
молокó	[中性]牛奶
	[变格]单数：молокó, молокá, молокý, молокó, молокóм, о молокé
лóдка	[阴性]船
	[变格]单数：лóдка, лóдки, лóдке, лóдку, лóдкой, о лóдке；复数：лóдки, лóдок, лóдкам, лóдки, лóдками, о лóдках
салáт	[阳性]沙拉
	[变格]单数：салáт, салáта, салáту, салáт, салáтом, о салáте
пóлка	[阴性]书架
	[变格]单数：пóлка, пóлки, пóлке, пóлку, пóлкой, о пóлке；复数：пóлки, пóлок, пóлкам, пóлки, пóлками, о пóлках
класс	[阳性]（中小学的）班；年级
	[变格]单数：класс, клáсса, клáссу, класс, клáссом, о клáссе；复数：клáссы, клáссов, клáссам, клáссы, клáссами, о клáссах
цех	[阳性]车间
	[变格]单数：цех, цéха, цéху, цех, цéхом, о цéхе；复数：цéхи, цéхов, цéхам, цéхи, цéхами, о цéхах
центр	[阳性]中心
	[变格]单数：центр, цéнтра, цéнтру, центр, цéнтром, о цéнтре；复数：цéнтры, цéнтров, цéнтрам, цéнтры, цéнтрами, о цéнтрах
концéрт	[阳性]音乐会
	[变格]单数：концéрт, концéрта, концéрту, концéрт, концéртом, о концéрте；复数：

		концéрты, концéртов, концéртам, концéрты, концéртами, о концéртах
цирк	[阳性]	杂技
	[变格]	单数：цирк, цúрка, цúрку, цирк, цúрком, о цúрке
сайт	[阳性]	网站
	[变格]	单数：сайт, сáйта, сáйту, сайт, сáйтом, о сáйте；复数：сáйты, сáйтов, сáйтам, сáйты, сáйтами, о сáйтах
ёлка	[阴性]	云杉，新年枞树
	[变格]	单数：ёлка, ёлки, ёлке, ёлку, ёлкой, о ёлке；复数：ёлки, ёлок, ёлкам, ёлки, ёлками, о ёлках
грýша	[阴性]	梨
	[变格]	单数：грýша, грýши, грýше, грýшу, грýшей, о грýше；复数：грýши, груш, грýшам, грýши, грýшами, о грýшах
шáпка	[阴性]	帽子
	[变格]	单数：шáпка, шáпки, шáпке, шáпку, шáпкой, о шáпке；复数：шáпки, шáпок, шáпкам, шáпки, шáпками, о шáпках
машúна	[阴性]	机器，汽车
	[变格]	单数：машúна, машúны, машúне, машúну, машúной, о машúне；复数：машúны, машúн, машúнам, машúны, машúнами, о машúнах
картóшка	[阴性]	土豆
	[变格]	单数：картóшка, картóшки, картóшке, картóшку, картóшкой, о картóшке；复数：картóшки, картóшек, картóшкам, картóшки, картóшками, о картóшках
кóшка	[阴性]	猫，母猫
	[变格]	单数：кóшка, кóшки, кóшке, кóшку, кóшкой, о кóшке；复数：кóшки, кóшек, кóшкам, кóшек, кóшками, о кóшках
шкóла	[阴性]	中、小学校
	[变格]	单数：шкóла, шкóлы, шкóле, шкóлу, шкóлой, о шкóле；复数：шкóлы, школ, шкóлам, шкóлы, шкóлами, о шкóлах
инженéр	[阳性]	工程师
	[变格]	单数：инженéр, инженéра, инженéру, инженéра, инженéром, об инженéре；复数：инженéры, инженéров, инженéрам, инженéров, инженéрами, об инженéрах
ýжин	[阳性]	晚饭
	[变格]	单数：ýжин, ýжина, ýжину, ýжин, ýжином, об ýжине；复数：ýжины, ýжинов, ýжинам, ýжины, ýжинами, об ýжинах

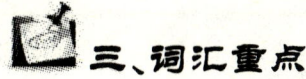

三、词汇重点

стол	[阳性]	桌子
	[注意]	стол 复数重音后移，是столы́

слово	[中性]	单词
	[注意]	слóво 复数重音后移,是словá
цена́	[阴性]	价格
	[注意]	цена́ 复数重音前移,是цéны
яйцо́	[中性]	鸡蛋
	[注意]	яйцо́ 复数重音前移,是я́йца
пóезд	[阳性]	火车
	[注意]	пóезд 的复数特殊,以-á 结尾,是поездá
шкаф	[阳性]	柜子
	[注意]	шкаф 复数重音后移,是шкафы́

☞ **以下知识在本课可以不用掌握,供以后查阅**

стол	[阳性]	桌子
	[注意]	стол 变格时重音后移
	[变格]	单数:стол, столá, столу́, стол, столóм, о столé;复数:столы́, столóв, столáм, столы́, столáми, о столáх
стул	[阳性]	椅子
	[注意]	стул 复数各格特殊
	[变格]	单数:стул, сту́ла, сту́лу, стул, сту́лом, о сту́ле;复数:сту́лья, сту́льев, сту́льям, сту́лья, сту́льями, о сту́льях
слово	[中性]	单词
	[注意]	слóво 变复数各格时重音后移
	[变格]	单数:слóво, слóва, слóву, слóво, слóвом, о слóве;复数:словá, слов, словáм, словá, словáми, о словáх
цена́	[阴性]	价格
	[注意]	цена́ 单数第四格和复数各格重音前移
	[变格]	单数:цена́, цены́, цене́, цéну, ценóй, о цене́;复数:цéны, цен, цéнам, цéны, цéнами, о цéнах
яйцо́	[中性]	鸡蛋
	[注意]	яйцо́ 变复数各格时重音前移
	[变格]	单数:яйцо́, яйцá, яйцу́, яйцо́, яйцóм, о яйцé;复数:я́йца, яи́ц, я́йцам, я́йца, я́йцами, о я́йцах
пóезд	[阳性]	火车
	[注意]	пóезд 复数特殊,以-á 结尾;变复数各格时重音后移
	[变格]	单数:пóезд, пóезда, пóезду, пóезд, пóездом, о пóезде;复数:поездá, поездóв, поездáм, поездá, поездáми, о поездáх
муж	[阳性]	丈夫
	[注意]	муж 复数各格形式特殊
	[变格]	单数:муж, му́жа, му́жу, му́жа, му́жем, о му́же;复数:мужья́, муже́й, мужья́м, муже́й, мужья́ми, о мужья́х

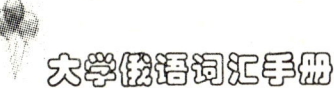

жена́		[阴性]妻子	
		[注意]жена́ 复数各格重音前移	
		[变格]单数：жена́, жены́, жене́, жену́, жено́й, о жене́；复数：жёны, жён, жёнам, жён, жёнами, о жёнах	
нож		[阳性]刀子	
		[注意]нож 变格时重音后移	
		[变格]单数：нож, ножа́, ножу́, нож, ножо́м, о ноже́；复数：ножи́, ноже́й, ножа́м, ножи́, ножа́ми, о ножа́х	

 四、词汇记忆

футбо́л	足球	football
вокза́л	火车站	railway station
ла́мпа	灯	lamp
я́блоко	苹果	apple
стол	桌子	table
стул	椅子	chair
молоко́	牛奶	milk
ло́дка	船	boat
сала́т	沙拉	salad
сло́во	单词	word
по́лка	书架	shelf
класс	(中小学的)班；年级	class
цех	车间	workshop
центр	中心	centre
конце́рт	音乐会	concert
цена́	价格	price, cost
цирк	杂技	circus
яйцо́	鸡蛋	egg
сайт	网站	website
по́езд	火车	train
ёлка	云杉,新年枞树	fir(-tree), spruce
шкаф	柜子	cupboard, wardrobe, dresser
гру́ша	梨	pear
ша́пка	帽子	hat, cap
маши́на	机器,汽车	machine; car
карто́шка	土豆	potato
ко́шка	猫,母猫	cat
шко́ла	中、小学校	school
муж	丈夫	husband

жена́	妻子	wife
инжене́р	工程师	engineer
нож	刀子	knife
у́жин	晚饭	supper
Евро́па	欧洲	Europe
Шанха́й	上海	Shanghai
на	往,向……上面;在……上(面)	on(to);into
что	什么	what
я	我	I
ты	你	you
мы	我们	we
они́	他们	they
наш	我们的	our
ваш	你们的	your
мой	我的	my
твой	你的	your
её	她的,它的	her, its
его́	他的,它的	his, its
но́вый	新的	new
ста́рый	旧的	old
како́й	什么样的	what
то́же	也	also, as well, too

 五、词汇造句

но́вый ［形容词］新的
　　　　　Это но́вая маши́на. 这是新汽车。
ста́рый ［形容词］旧的
　　　　　Это ста́рое окно́. 这是旧窗户。

第五课

一、词汇导读

本课开始学习动词。学习动词需要注意以下几点：①动词一般有未完成体和完成体的区分；②未完成体动词（délaть，читáть，считáть，рабóтать，отдыхáть，ýжинать，слýшать，игрáть，жить）现在时要按人称变化；③一些动词需要接格关系（игрáть во что，слýшать что，délaть что，знать что）。

二、词汇注释

мать	[阴性]	母亲
ночь	[阴性]	夜晚
мя́со	[中性]	肉
мир	[阳性]	世界；和平
и́мя	[中性]	名字
метрó	[中性]	地铁
днём	[副词]	白天
втóрник	[阳性]	星期二 во втóрник 在星期二
кýхня	[阴性]	厨房
оди́н	[数词]	一
нет	[语气词]	不，不是，不对
снег	[阳性]	雪
Интернéт	[阳性]	因特网
собрáние	[中性]	会议
худóжник	[阳性]	艺术家
отéц	[阳性]	父亲
	[注意]	отéц 变复数时-é-脱落，是 отцы́
тётя	[阴性]	姨，姑，婶
юг	[阳性]	南方，南 жить на ю́ге 住在南方
темнó	[副词]	黑，暗
теáтр	[阳性]	剧院 рабóтать в теáтре 在剧院工作
	[复数]	теáтры
текст	[阳性]	课文 читáть текст 读课文
	[复数]	тéксты
институ́т	[阳性]	研究所，学院 ýжинать в институ́те 在学校吃晚饭

		[复数]институ́ты
ти́хо	[副词]	安静
ра́дио	[中性]	广播 слу́шать ра́дио 听收音机
дя́дя	[阳性]	叔,舅,伯
де́душка	[阳性]	祖父,外祖父
ба́бушка	[阴性]	祖母,外祖母
где	[副词]	在哪里
де́вушка	[阴性]	姑娘
де́ти	[复数]	孩子们
де́лать	[未完成体]	де́лаю, де́лаешь, де́лает, де́лаем, де́лаете, де́лают 做 де́лать упражне́ние 做练习
тетра́дь	[阴性]	练习簿
язы́к	[阳性]	语言;舌头
гость	[阳性]	客人
их	[代词]	他们的
чай	[阳性]	茶
чей	[代词]	чья, чьё, чьи 谁的 чей чай 谁的茶 чья по́лка 谁的书架 чьё фо́то 谁的照片 чьи паспорта́ 谁的护照
час	[阳性]	小时,钟头
часы́	[复数]	钟表
чи́сто	[副词]	干净地,整洁地
вчера́	[副词]	昨天
но́чью	[副词]	在夜里
врач	[阳性]	医生
чита́ть	[未完成体]	чита́ю, чита́ешь, чита́ет, чита́ем, чита́ете, чита́ют 读 чита́ть текст 读课文
счита́ть	[未完成体]	счита́ю, счита́ешь, счита́ет, счита́ем, счита́ете, счита́ют 数数,计算 счита́ть бана́ны 数香蕉
по́чта	[阴性]	邮局;邮件
	[复数]	по́чты
ру́чка	[阴性]	钢笔
до́чка	[阴性]	女儿
чемпио́н	[阳性]	冠军
	[复数]	чемпио́ны
уче́бник	[阳性]	教科书
обы́чно	[副词]	平常地
ещё	[副词]	还
кни́га	[阴性]	书
общежи́тие	[中性]	宿舍
о́вощи	[复数]	蔬菜

плащ	[阳性]	风衣
счастье	[中性]	幸福
работать	[未完成体]	работаю, работаешь, работает, работаем, работаете, работают 工作 работать в институте 在大学工作 работать в театре 在剧院工作 работать на юге 在南方工作 работать в Москве 在莫斯科工作
знать	[未完成体]	знаю, знаешь, знает, знаем, знаете, знают 知道；了解，认识 знать вас 了解您
отдыхать	[未完成体]	отдыхаю, отдыхаешь, отдыхает, отдыхаем, отдыхаете, отдыхают 休息 отдыхать дома 在家休息 отдыхать на юге 在南方休假
ужинать	[未完成体]	ужинаю, ужинаешь, ужинает, ужинаем, ужинаете, ужинают 吃晚饭 ужинать дома 在家吃晚饭 ужинать в институте 在学校吃晚饭
слушать	[未完成体]	слушаю, слушаешь, слушает, слушаем, слушаете, слушают 听 слушать радио 听收音机 слушать текст 听课文 слушать музыку 听音乐
играть	[未完成体]	играю, играешь, играет, играем, играете, играют 玩耍, 玩 играть в шахматы 下象棋
жить	[未完成体]	живу, живёшь, живёт, живём, живёте, живут 住；生活 жить в институте 住在学校 жить на юге 生活在南方 жить в Москве 生活在莫斯科
не	[语气词]	不
в	[前置词]	向, 往, 到……里；在……里 в театре 在剧院 в институте 在学院
шахматы	[复数]	国际象棋；象棋 играть в шахматы 下象棋

☞ **以下知识在本课可以不用掌握, 供以后查阅**

мясо	[中性]	肉
	[变格]	单数：мясо, мяса, мясу, мясо, мясом, о мясе
мир	[阳性]	和平；世界
	[变格]	单数：мир, мира, миру, мир, миром, о мире
кухня	[阴性]	厨房
	[变格]	单数：кухня, кухни, кухне, кухню, кухней, о кухне；复数：кухни, кухонь, кухням, кухни, кухнями, о кухнях
Интернет	[阳性]	因特网
	[变格]	单数：Интернет, Интернета, Интернету, Интернет, Интернетом, об Интернете
собрание	[中性]	会议
	[变格]	单数：собрание, собрания, собранию, собрание, собранием, о собрании；复数：собрания, собраний, собраниям, собрания, собраниями, о собраниях
художник	[阳性]	艺术家
	[变格]	单数：художник, художника, художнику, художника, художником, о художнике；复数：художники, художников, художникам, художников, художниками, о художниках

тётя	[阴性]姨,姑,婶	
	[变格]单数:*тётя*, *тёти*, *тёте*, *тётю*, *тётей*, *о тёте*; 复数:*тёти*, *тётей*, *тётям*, *тётей*, *тётями*, *о тётях*	
юг	[阳性]南方,南	
	[变格]单数:*юг*, *юга*, *югу*, *юг*, *югом*, *о юге*	
теа́тр	[阳性]剧院	
	[变格]单数:*теа́тр*, *теа́тра*, *теа́тру*, *теа́тр*, *теа́тром*, *о теа́тре*; 复数:*теа́тры*, *теа́тров*, *теа́трам*, *теа́тры*, *теа́трами*, *о теа́трах*	
текст	[阳性]课文	
	[变格]单数:*текст*, *те́кста*, *те́ксту*, *текст*, *те́кстом*, *о те́ксте*; 复数:*те́ксты*, *те́кстов*, *те́кстам*, *те́ксты*, *те́кстами*, *о те́кстах*	
институ́т	[阳性]研究所,学院	
	[变格]单数:*институ́т*, *институ́та*, *институ́ту*, *институ́т*, *институ́том*, *об институ́те*; 复数:*институ́ты*, *институ́тов*, *институ́там*, *институ́ты*, *институ́тами*, *об институ́тах*	
дя́дя	[阳性]叔,舅,伯	
	[变格]单数:*дя́дя*, *дя́ди*, *дя́де*, *дя́дю*, *дя́дей*, *о дя́де*; 复数:*дя́ди*, *дя́дей*, *дя́дям*, *дя́дей*, *дя́дями*, *о дя́дях*	
де́душка	[阳性]祖父,外祖父	
	[变格]单数:*де́душка*, *де́душки*, *де́душке*, *де́душку*, *де́душкой*, *о де́душке*; 复数:*де́душки*, *де́душек*, *де́душкам*, *де́душек*, *де́душками*, *о де́душках*	
де́вушка	[阴性]姑娘	
	[变格]单数:*де́вушка*, *де́вушки*, *де́вушке*, *де́вушку*, *де́вушкой*, *о де́вушке*; 复数:*де́вушки*, *де́вушек*, *де́вушкам*, *де́вушек*, *де́вушками*, *о де́вушках*	
тетра́дь	[阴性]练习簿	
	[变格]单数:*тетра́дь*, *тетра́ди*, *тетра́ди*, *тетра́дь*, *тетра́дью*, *о тетра́ди*; 复数:*тетра́ди*, *тетра́дей*, *тетра́дям*, *тетра́ди*, *тетра́дями*, *о тетра́дях*	
часы́	[复数]钟表	
	[变格]复数:*часы́*, *часо́в*, *часа́м*, *часы́*, *часа́ми*, *о часа́х*	
по́чта	[阴性]邮局;邮件	
	[变格]单数:*по́чта*, *по́чты*, *по́чте*, *по́чту*, *по́чтой*, *о по́чте*; 复数:*по́чты*, *почт*, *по́чтам*, *по́чты*, *по́чтами*, *о по́чтах*	
ру́чка	[阴性]钢笔	
	[变格]单数:*ру́чка*, *ру́чки*, *ру́чке*, *ру́чку*, *ру́чкой*, *о ру́чке*; 复数:*ру́чки*, *ру́чек*, *ру́чкам*, *ру́чки*, *ру́чками*, *о ру́чках*	
до́чка	[阴性]女儿	
	[变格]单数:*до́чка*, *до́чки*, *до́чке*, *до́чку*, *до́чкой*, *о до́чке*; 复数:*до́чки*, *до́чек*, *до́чкам*, *до́чек*, *до́чками*, *о до́чках*	
чемпио́н	[阳性]冠军	

| | [变格]单数：чемпион, чемпиона, чемпиону, чемпиона, чемпионом, о чемпионе； |
| | 复数：чемпионы, чемпионов, чемпионам, чемпионов, чемпионами, о чемпионах |

учебник　　[阳性]教科书
　　　　　　[变格]单数：учебник, учебника, учебнику, учебник, учебником, об учебнике；复数：учебники, учебников, учебникам, учебники, учебниками, об учебниках

книга　　　[阴性]书
　　　　　　[变格]单数：книга, книги, книге, книгу, книгой, о книге；复数：книги, книг, книгам, книги, книгами, о книгах

общежитие　[中性]宿舍
　　　　　　[变格]单数：общежитие, общежития, общежитию, общежитие, общежитием, об общежитии；复数：общежития, общежитий, общежитиям, общежития, общежитиями, об общежитиях

счастье　　[中性]幸福
　　　　　　[变格]单数：счастье, счастья, счастью, счастье, счастьем, о счастье

шахматы　　[复数]国际象棋；象棋
　　　　　　[变格]复数：шахматы, шахмат, шахматам, шахматы, шахматами, о шахматах

三、词汇重点

метро　　　[中性]地铁
　　　　　　[注意]метро 是中性名词，该词不变化

отец　　　　[阳性]父亲
　　　　　　[注意]отец 变格时 -é- 脱落，重音后移
　　　　　　[复数]отцы

радио　　　[中性]广播
　　　　　　[注意]радио 是中性名词，该词不变化

☞ 以下知识在本课可以不用掌握，供以后查阅

мать　　　　[阴性]母亲
　　　　　　[注意]мать 变格形式特殊
　　　　　　[变格]单数：мать, матери, матери, мать, матерью, о матери；复数：матери, матерей, матерям, матерей, матерями, о матерях

ночь　　　　[阴性]夜晚
　　　　　　[注意]ночь 的单数第六格以及复数变格重音后移
　　　　　　[变格]单数：ночь, ночи, ночи, ночь, ночью, о ночи（в ночи）；复数：ночи, ночей, ночам, ночи, ночами, о ночах

имя　　　　[中性]名字

[注意]имя 变格形式特殊

[变格]单数:имя, имени, имени, имя, именем, об имени；复数:имена, имён, именам, имена, именами, об именах

язык　[阳性]语言；舌头

[注意]язык 变格时重音后移

[变格]单数:язык, языка, языку, язык, языком, о языке；复数:языки, языков, языкам, языки, языками, о языках

гость　[阳性]客人

[注意]гость 复数各格重音后移

[变格]单数:гость, гостя, гостю, гостя, гостем, о госте；复数:гости, гостей, гостям, гостей, гостями, о гостях

чай　[阳性]茶

[注意]чай 变复数各格时重音后移

[变格]单数:чай, чая (чаю), чаю, чай, чаем, о чае；复数:чаи, чаёв, чаям, чаи, чаями, о чаях

врач　[阳性]医生

[注意]врач 变格时重音后移

[变格]单数:врач, врача, врачу, врача, врачом, о враче；复数:врачи, врачей, врачам, врачей, врачами, о врачах

овощи　[复数]蔬菜

[注意]овощи 变格时重音后移

[变格]复数:овощи, овощей, овощам, овощи, овощами, об овощах

плащ　[阳性]风衣

[注意]плащ 变格时重音后移

[变格]单数:плащ, плаща, плащу, плащ, плащом, о плаще；复数:плащи, плащей, плащам, плащи, плащами, о плащах

四、词汇记忆

мать	母亲	mother
ночь	夜晚	night
мясо	肉	meat
имя	名字	name
метро	地铁	metro, subway
вторник	星期二	Tuesday
кухня	厨房；菜肴	kitchen, cookhouse; food
снег	雪	snow
Интернет	因特网	Internet
собрание	会议	meeting
художник	艺术家	artist

отéц	父亲	father
тётя	姨,姑,婶	aunt
юг	南方,南	south; the South
теáтр	剧院	theatre
текст	课文	text
институ́т	研究所,学院	institute, school
рáдио	广播	radio
дя́дя	叔,舅,伯	uncle
дéдушка	祖父,外祖父	grandfather
бáбушка	祖母,外祖母	grandmother
дéвушка	姑娘	girl, miss
дéти	孩子们	children
тетрáдь	练习簿	notebook, exercise book
язы́к	语言;舌头	language; tongue
гость	客人	guest
чай	茶	tea
часы́	钟表	clock, watch
врач	医生	doctor, physician
пóчта	邮局;邮件	post office; post
рýчка	钢笔	pen
дóчка	女儿	duaghter
чемпиóн	冠军	champion
учéбник	教科书	text-book
кни́га	书	book
общежи́тие	宿舍	dormitory
óвощи	蔬菜	vegetables
плащ	风衣	cloak
счáстье	幸福	happiness
шáхматы	国际象棋;象棋	chess
дéлать	做	to make, do
читáть	读	to read
считáть	数数,计算	to count
рабóтать	工作	to work
знать	知道;了解,认识	to know, have a knowledge of
отдыхáть	休息	to be resting
ýжинать	吃晚饭	to have supper
слýшать	听	to listen (to)
игрáть	玩耍,玩	to play
жить	住;生活	to live
днём	白天	in the day-time, by day

темно́	黑,暗	darkly
ти́хо	安静	quietly
чи́сто	干净地,整洁地	cleanly
вчера́	昨天	yesterday
но́чью	在夜晚	by night
где	在哪里	where
обы́чно	平常地	usually, as a rule
ещё	还	still, yet
их	他们的	their
чей	谁的	whose
в	向,往,到……里;在……里	into, to; in, at
нет	不,不是,不对	no, not
не	不	not

 **五、词汇造句**

игра́ть	[未完成体]玩耍,玩	
	Де́ти игра́ют в футбо́л. 孩子们在踢足球。	
	Муж и жена́ игра́ют в ша́хматы. 夫妻俩在下象棋。	
слу́шать	[未完成体]听	
	Сын слу́шает ра́дио. 儿子在听收音机。	
	До́чка слу́шает му́зыку. 女儿在听音乐。	
де́лать	[未完成体]做	
	Мы де́лаем упражне́ние. 我们在做练习。	
отдыха́ть	[未完成体]休息	
	Оте́ц отдыха́ет на ю́ге. 父亲在南方休假。	
	Мать отдыха́ет до́ма. 母亲在家休息。	
рабо́тать	[未完成体]工作	
	Его́ па́па рабо́тает в институ́те. 他爸爸在大学工作。	
	Худо́жник рабо́тает в теа́тре. 画家在剧院工作。	
	Тётя рабо́тает на заво́де. 姑姑在工厂工作。	
знать	[未完成体]知道;了解,认识	
	Они́ не зна́ют вас. 他们不了解您。	
жить	[未完成体]住;生活	
	Анто́н живёт в Москве́. 安东住在莫斯科。	
	Де́душка и ба́бушка живу́т на ю́ге. 爷爷和奶奶住在南方。	

第六课

一、词汇导读

本课要掌握名词单数第六格的变化，有些名词的第六格形式特殊，如 мост — на мосту́, сад — в саду́。

一些动词可以有接格关系，如 учи́ться где, жить где, рабо́тать где, говори́ть о чём 等。

二、词汇注释

словарь	[阳性]字典 смотре́ть в слова́рь 查词典
	[单六] о словаре́
рис	[阳性]米饭，大米
	[单六] о ри́се
а́дрес	[阳性]地址 знать а́дрес 知道地址
	[单六] об а́дресе
	[复数] адреса́
мо́ре	[中性]大海 на мо́ре 在海上
	[单六] о мо́ре
вре́мя	[中性]时间
река́	[阴性]河
	[单六] о реке́
среда́	[阴性]星期三 в сре́ду 在星期三
	[单六] о среде́
четве́рг	[阳性]星期四 в четве́рг 在星期四
	[单六] о четверге́
ча́сто	[副词]经常
говори́ть	[未完成体] говорю́, говори́шь, говори́т, говори́м, говори́те, говоря́т 说 говори́ть о Москве́ 谈起莫斯科 говори́ть об отце́ 谈起父亲
смотре́ть	[未完成体] смотрю́, смо́тришь, смо́трит, смо́трим, смо́трите, смо́трят 看 смотре́ть телеви́зор 看电视 смотре́ть в слова́рь 查词典
хоте́ть	[未完成体] хочу́, хо́чешь, хо́чет, хоти́м, хоти́те, хотя́т 想 хоте́ть учи́ться в институ́те 想上大学 хоте́ть обе́дать 想吃饭 хоте́ть жить в Санкт-Петербу́рге 想居住在圣彼得堡 хоте́ть отдыха́ть 想休息 хоте́ть игра́ть в ша́хматы 想下棋
три	[数词]三 три часа́ 三点

четы́ре	[数词]四	четы́ре часа́ 四点
пять	[数词]五	пят часо́в 五点
шесть	[数词]六	шесть часо́в 六点
де́вять	[数词]九	де́вять часо́в 九点
рю́мка	[阴性]高脚酒杯	
	[单六]о рю́мке	
аудито́рия	[阴性](大学)教室 учи́ться в аудито́рии 在教室里学习	
	[单六]об аудито́рии	
санато́рий	[阳性]疗养院,疗养所 отдыха́ть в санато́рии 在疗养院休息	
	[单六]о санато́рии	
пе́сня	[阴性]歌,歌词	
	[单六]о пе́сне	
хорошо́	[副词]好 хорошо́ учи́ться 好好学习	
пи́во	[中性]啤酒	
	[单六]о пи́ве	
переры́в	[阳性]休息 в переры́ве 在休息时	
	[单六]о переры́ве	
о (об)	[前置词]关于	
проспе́кт	[阳性]马路 на проспе́кте 在马路上	
	[单六]о проспе́кте	
	[复数]проспе́кты	
компью́тер	[阳性]电脑	
	[单六]о компью́тере	
	[复数]компью́теры	
шофёр	[阳性]司机	
	[单六]о шофёре	
	[复数]шофёры	
буфе́т	[阳性]小卖部 обе́дать в буфе́те 在小吃部吃饭	
	[单六]о буфе́те	
	[复数]буфе́ты	
конфе́та	[阴性]糖果	
	[单六]о конфе́те	
	[复数]конфе́ты	
о́бувь	[阴性]鞋	
	[单六]об о́буви	
обе́д	[阳性]午饭	
	[单六]об обе́де	
обе́дать	[未完成体] обе́даю, обе́даешь, обе́дает, обе́даем, обе́даете, обе́дают 吃午饭 обе́дать до́ма 在家吃午饭 обе́дать в буфе́те 在小吃部吃午饭	
ве́чером	[副词]在晚上	

весна́	[阴性]春天	
	[单六]о весне́	
	[复数]вёсны	
весно́й	[副词](在)春天	
о́чень	[副词]很,非常 о́чень хорошо́ 非常好	
мно́го	[副词]很多 о́чень мно́го 很多	
писа́ть	[未完成体]пишу́, пи́шешь, пи́шет, пи́шем, пи́шете, пи́шут 写 писа́ть о весне́ 描写春天	
почему́	[副词]为什么	

☞ 以下知识在本课可以不用掌握,供以后查阅

рис	[阳性]米饭,大米	
	[变格]单数:рис, ри́са, ри́су, рис, ри́сом, о ри́се	
рю́мка	[阴性]高脚酒杯	
	[变格]单数:рю́мка, рю́мки, рю́мке, рю́мку, рю́мкой, о рю́мке; 复数:рю́мки, рю́мок, рю́мкам, рю́мки, рю́мками, о рю́мках	
аудито́рия	[阴性](大学)教室	
	[变格]单数:аудито́рия, аудито́рии, аудито́рии, аудито́рию, аудито́рией, об аудито́рии; 复数:аудито́рии, аудито́рий, аудито́риям, аудито́рии, аудито́риями, об аудито́риях	
санато́рий	[阳性]疗养院,疗养所	
	[变格]单数:санато́рий, санато́рия, санато́рию, санато́рий, санато́рием, о санато́рии; 复数:санато́рии, санато́риев, санато́риям, санато́рии, санато́риями, о санато́риях	
пе́сня	[阴性]歌,歌词	
	[变格]单数:пе́сня, пе́сни, пе́сне, пе́сню, пе́сней, о пе́сне; 复数:пе́сни, пе́сен, пе́сням, пе́сни, пе́снями, о пе́снях	
пи́во	[中性]啤酒	
	[变格]单数:пи́во, пи́ва, пи́ву, пи́во, пи́вом, о пи́ве	
переры́в	[阳性]休息	
	[变格]单数:переры́в, переры́ва, переры́ву, переры́в, переры́вом, о переры́ве	
проспе́кт	[阳性]马路	
	[变格]单数:проспе́кт, проспе́кта, проспе́кту, проспе́кт, проспе́ктом, о проспе́кте; 复数:проспе́кты, проспе́ктов, проспе́ктам, проспе́кты, проспе́ктами, о проспе́ктах	
компью́тер	[阳性]电脑	
	[变格]单数:компью́тер, компью́тера, компью́теру, компью́тер, компью́тером, о компью́тере; 复数:компью́теры, компью́теров, компью́терам, компью́теры, компью́терами, о компью́терах	
шофёр	[阳性]司机	

	[变格]单数：шофёр, шофёра, шофёру, шофёра, шофёром, о шофёре；复数：шофёры, шофёров, шофёрам, шофёров, шофёрами, о шофёрах
буфéт	[阳性]小卖部
	[变格]单数：буфéт, буфéта, буфéту, буфéт, буфéтом, о буфéте；复数：буфéты, буфéтов, буфéтам, буфéты, буфéтами, о буфéтах
конфéта	[阴性]糖果
	[变格]单数：конфéта, кофéты, конфéте, конфéту, конфéтой, о конфéте；复数：конфéты, конфéт, конфéтам, конфéты, конфéтами, о конфéтах
óбувь	[阴性]鞋
	[变格]单数：óбувь, óбуви, óбуви, óбувь, óбувью, об óбуви
обéд	[阳性]午饭
	[变格]单数：обéд, обéда, обéду, обéд, обéдом, об обéде

三、词汇重点

áдрес	[阳性]地址 знать áдрес 知道地址
	[注意]áдрес 复数以-á 结尾，是 адресá
	[单六]об áдресе
хотéть	[未完成体]想
	[注意]хотéть 的单数和复数变位形式不同
	[变位]хочý, хóчешь, хóчет, хотúм, хотúте, хотя́т
веснá	[阴性]春天
	[注意]веснá 变格时重音前移，是 вёсны
	[单六]о веснé

☞ <u>以下知识在本课可以不用掌握，供以后查阅</u>

словáрь	[阳性]字典
	[注意]словáрь 变格时重音后移
	[变格]单数：словáрь, словаря́, словарю́, словáрь, словарём, о словарé；复数：словарú, словарéй, словаря́м, словарú, словаря́ми, о словаря́х
áдрес	[阳性]地址
	[注意]áдрес 复数形式特殊，变复数各格时重音后移
	[变格]单数：áдрес, áдреса, áдресу, áдрес, áдресом, об áдресе；复数：адресá, адресóв, адресáм, адресá, адресáми, об адресáх
мóре	[中性]大海
	[注意]мóре 变复数各格时重音后移
	[变格]单数：мóре, мóря, мóрю, мóре, мóрем, о мóре；复数：моря́, морéй, моря́м, моря́, моря́ми, о моря́х
врéмя	[中性]时间
	[注意]врéмя 变格特殊

[变格]单数：врéмя, врéмени, врéмени, врéмя, врéменем, о врéмени；复数（季节）：временá, времён, временáм, временá, временáми, о временáх

рекá [阴性]河
　　　[注意]рекá 单数第四格有两种形式：рéку 和 рекý, 复数重音前移, 是рéки（变复数各格时重音有两种形式）
　　　[变格]单数：рекá, рекú, рекé, рéку（рекý）, рекóй, о рекé；复数：рéки, рек, рéкам（рекáм）, рéки, рéками（рекáми）, о рéках（рекáх）

средá [阴性]星期三
　　　[注意]средá 单数第四格重音前移，是срéду
　　　[变格]单数：средá, среды́, средé, срéду, средóй, о средé

четвéрг [阳性]星期四
　　　[注意]четвéрг 变格时重音后移
　　　[变格]单数：четвéрг, четвергá, четвергý, четвéрг, четвергóм, о четвергé

веснá [阴性]春天
　　　[注意]веснá 变复数各格时重音前移
　　　[变格]单数：веснá, весны́, веснé, веснý, веснóй, о веснé；复数：вёсны, вёсен, вёснам, вёсны, вёснами, о вёснах

四、词汇记忆

словáрь	字典	dictionary
рис	米饭，大米	rice
áдрес	地址	address
мóре	大海	sea
врéмя	时间	time
рекá	河	river
средá	星期三	Wednesday
четвéрг	星期四	Thursday
рю́мка	高脚酒杯	glass
аудитóрия	（大学）教室	auditorium, lecture-hall
санатóрий	疗养院，疗养所	sanatorium
пéсня	歌，歌曲	song
пи́во	啤酒	beer
переры́в	休息	break
проспéкт	马路	avenue
компью́тер	电脑	computer
шофёр	司机	driver
буфéт	小卖部	buffet, snack bar
конфéта	糖果	sweet
óбувь	鞋	foot wears, shoes

обéд	午饭	lunch, dinner
веснá	春天	spring
Санкт-Петербýрг	圣彼得堡	St Petersburg
говорúть	说	to speak, talk
смотрéть	看	to look (at)
хотéть	想	to want, desire
обéдать	吃午饭	to have lunch, dinner
писáть	写	to write
чáсто	经常	often, frequently
хорошó	好；好吧	well; it is good
вéчером	在晚上	in the evening
веснóй	(在)春天	in spring
óчень	很,非常	very
мнóго	很多	much, many
почемý	为什么	why
о/об	关于	about
три	三	three
четы́ре	四	four
пять	五	five
шесть	六	six
дéвять	九	nine

 五、词汇造句

говорúть	[未完成体]说	
	Мы чáсто говорúм о Москвé. 我们经常谈起莫斯科。	
смотрéть	[未完成体]看	
	Мы смóтрим телевúзор дóма. 我们在家看电视。	
хотéть	[未完成体]想	
	Я хочý учúться в Москвé. 我想去莫斯科学习。	

第七课

一、词汇导读

本课要掌握非动物名词单数第四格。另外，一些名词变成复数形式特殊，需记住，如：брат — братья，друг — друзья 等。

二、词汇注释

осень	[阴性]秋天 любить осень 喜欢秋天
	[变格]单四：осень，单六：об осени
осенью	[副词](在)秋天
завтра	[副词]明天
спасибо	[语气词]谢谢
цветы	[复词]花 красивые цветы 好看的花
привет	[阳性]问候，致意
такси	[中性]出租车 ехать на такси 乘坐出租车
здесь	[副词]这里
семья	[阴性]家庭，一家人
	[变格]单四：семью，单六：о семье；复数 семьи
сестра	[阴性]姐妹
	[变格]单四：сестру，单六：о сестре；复数：сёстры
сейчас	[副词]现在，马上
себя	[代词]自己 знать себя 了解自己
сегодня	[副词]今天
месяц	[阳性]月
	[变格]单四：месяц，单六：о месяце；复数：месяцы
зима	[阴性]冬天 любить зиму 喜欢冬天
	[变格]单四：зиму，单六：о зиме；复数：зимы
зимой	[副词](在)冬天
озеро	[中性]湖
	[变格]单四：озеро，单六：об озере；复数：озёра
газета	[阴性]报纸 читать газету 读报纸
	[变格]单四：газету，单六：о газете；复数：газеты
журнал	[阳性]杂志，记事簿 читать журнал 读杂志
	[变格]单四：журнал，单六：о журнале；复数：журналы

музе́й	[阳性]	博物馆 Ру́сский музе́й 俄罗斯博物馆 е́хать в музе́й 去博物馆
	[变格]	单四:музе́й,单六:о музе́е;复数:музе́и
магази́н	[阳性]	商店 но́вый магази́н 新开的商店 идти́ в магази́н 去商店
	[变格]	单四:магази́н,单六:о магази́не;复数:магази́ны
фильм	[阳性]	电影 смотре́ть фильм 看电影 разгова́ривать о фи́льме 谈论电影
	[变格]	单四:фильм,单六:о фи́льме;复数:фи́льмы
телефо́н	[阳性]	电话
	[变格]	单四:телефо́н,单六:о телефо́не;复数:телефо́ны
ле́то	[中性]	夏天 люби́ть ле́то 喜欢夏天
	[变格]	单四:ле́то,单六:о ле́те;复数:лета́
ле́том	[副词]	(在)夏天
хлеб	[阳性]	面包 ру́сский хлеб 俄罗斯面包
	[变格]	单四:хлеб,单六:о хле́бе;复数:хлеба́
рубль	[阳性]	卢布
	[变格]	单四:рубль,单六:о рубле́;复数:рубли́
ию́ль	[阳性]	七月 в ию́ле 在七月
	[变格]	单四:ию́ль,单六:об ию́ле
письмо́	[中性]	信;书写;写作 писа́ть письмо́ 写信 чита́ть письмо́ 读信
	[变格]	单四:письмо́,单六:о письме́;复数:пи́сьма
библиоте́ка	[阴性]	图书馆 чита́ть в библиоте́ке 在图书馆读书 идти́ в библиоте́ку 去图书馆
	[变格]	单四:библиоте́ку,单六:о библиоте́ке;复数:библиоте́ки
по́ле	[中性]	田野;场地
	[变格]	单四:по́ле,单六:о по́ле
стадио́н	[阳性]	体育场 игра́ть на стадио́не 在体育场玩 е́хать на стадио́н 去体育场
	[变格]	单四:стадио́н,单六:о стадио́не;复数:стадио́ны
ма́льчик	[阳性]	男孩
	[变格]	单六:о ма́льчике;复数:ма́льчики
ско́лько	[数词]	多少
то́лько	[副词]	仅仅,只
ту́фли	[复数]	布鞋
у́лица	[阴性]	马路 игра́ть на у́лице 在街上玩
	[变格]	单四:у́лицу,单六:об у́лице;复数:у́лицы
писа́тель	[阳性]	作家
	[变格]	单六:о писа́теле
учи́тель	[阳性]	(中小学)教师,教员
	[变格]	单六:об учи́теле
во́семь	[数词]	八
де́сять	[数词]	十
люби́ть	[未完成体]	люблю́, лю́бишь, лю́бит, лю́бим, лю́бите, лю́бят 爱 люби́ть зи́му

	喜欢冬天 Я люблю тебя. 我爱你。
понедéльник	[阳性]星期一 в понедéльник 在星期一
	[变格]单四：понедéльник，单六：о понедéльнике；复数：понедéльники
воскресéнье	[中性]星期天 в воскресéнье 在星期天
	[变格]单四：воскресéнье，单六：о воскресéнье
по-китáйски	[副词]用汉语 говори́ть по-китáйски 说汉语
по-рýсски	[副词]用俄语 говори́ть по-рýсски 说俄语
по-англи́йски	[副词]用英语 говори́ть по-англи́йски 说英语
рýсский	[形容词]рýсская，рýсское，рýсские 俄罗斯的；俄语的 Рýсский музéй 俄罗斯博物馆 рýсский язы́к 俄语 институ́т рýсского языкá 俄语学院 знать рýсский язы́к 通晓俄语
брю́ки	[复数]裤子
кинó	[中性]影院 идти́ в кинó 去看电影
	[变格]（该词不变化）单四：кинó，单六：о кинó
пожáлуйста	[语气词]请
дéньги	[复数]钱
стихи́	[复数]诗
хи́мия	[阴性]化学 изучáть хи́мию 学习化学
	[变格]单四：хи́мию，单六：о хи́мии
хи́мик	[阳性]化学家
	[变格]单六：о хи́мике；复数：хи́мики
краси́вый	[形容词]краси́вая，краси́вое，краси́вые 美丽的；漂亮的 краси́вые цветы́ 美丽的花
здóрово	[副词]真好,真棒
До свидáния!	[词组]再见！
хорóший	[形容词]хорóшая，хорóшее，хорóшие 好的 хорóший учéбник 好的教科书 хорóший журнáл 好的杂志 хорóшая учи́тельница 好老师
вкýсно	[副词]好吃,可口
студéнт	[阳性]大学生 студéнт Институ́та рýсского языкá 俄语学院的学生 хорóший студéнт 好学生
вопрóс	[阳性]问题
	[变格]单四：вопрóс，单六：о вопрóсе；复数：вопрóсы
преподавáтель	[阳性]（中、高等学校）教师,教员 преподавáтель рýсского языкá 俄语教师
	[变格]单六：о преподавáтеле；复数：преподавáтели
учёба	[阴性]学习 учёба в институ́те 大学的学习
	[变格]单四：учёбу，单六：об учёбе
идти́	[未完成体]идý，идёшь，идёт，идём，идёте，идýт 走，步行 идти́ на вы́ставку 去看展览 идти́ на рабóту 去上班 идти́ на пóчту 去邮局 идти́ на завóд 去工厂 идти́ на ры́нок 去市场
éхать	[未完成体]éду，éдешь，éдет，éдем，éдете，éдут（乘车）去，来 éхать в музéй 去

	博物馆 éхать на стадио́н 去体育场 éхать в шко́лу 去上学 éхать в кино́ 去看电影 éхать в Москву́ 去莫斯科
разгова́ривать	[未完成体] разгова́риваю, разгова́риваешь, разгова́ривает, разгова́риваем, разгова́риаете, разгова́ривают 交谈 разгова́ривать о сы́не 谈论儿子 разгова́ривать об учёбе 谈学习 разгова́ривать о хи́мии 谈论化学
мечта́ть	[未完成体] мечта́ю, мечта́ешь, мечта́ет, мечта́ем, мечта́ете, мечта́ют 幻想, 向往 мечта́ть изуча́ть хи́мию 想学化学 мечта́ть éхать в Росси́ю 想去俄罗斯 мечта́ть учи́ться в институ́те 想上大学
отвеча́ть	[未完成体] отвеча́ю, отвеча́ешь, отвеча́ет, отвеча́ем, отвеча́ете, отвеча́ют 回答 отвеча́ть на письмо́ 回信 отвеча́ть на вопро́с 回答问题
изуча́ть	[未完成体] изуча́ю, изуча́ешь, изуча́ет, изуча́ем, изуча́ете, изуча́ют 学习, 研究 изуча́ть хи́мию 研究化学 изуча́ть ру́сский язы́к 学习俄语
занима́ться	[未完成体] занима́юсь, занима́ешься, занима́ется, занима́емся, занима́етесь, занима́ются 从事; 学习 занима́ться но́чью 晚上学习 занима́ться до́ма 在家学习 занима́ться в библиоте́ке 在图书馆学习

☞ **以下知识在本课可以不用掌握，供以后查阅**

о́сень	[阴性] 秋天
	[变格] 单数: о́сень, о́сени, о́сени, о́сень, о́сенью, об о́сени
цветы́	[复数] 花
	[变格] 复数: цветы́, цвето́в, цвета́м, цветы́, цвета́ми, о цвета́х
приве́т	[阳性] 问候, 致意
	[变格] 单数: приве́т, приве́та, приве́ту, приве́т, приве́том, о приве́те
ме́сяц	[阳性] 月
	[变格] 单数: ме́сяц, ме́сяца, ме́сяцу, ме́сяц, ме́сяцем, о ме́сяце; 复数: ме́сяцы, ме́сяцев, ме́сяцам, ме́сяцы, ме́сяцами, о ме́сяцах
газе́та	[阴性] 报纸
	[变格] 单数: газе́та, газе́ты, газе́те, газе́ту, газе́той, о газе́те; 复数: газе́ты, газе́т, газе́там, газе́ты, газе́тами, о газе́тах
журна́л	[阳性] 杂志; 记事簿
	[变格] 单数: журна́л, журна́ла, журна́лу, журна́л, журна́лом, о журна́ле; 复数: журна́лы, журна́лов, журна́лам, журна́лы, журна́лами, о журна́лах
музе́й	[阳性] 博物馆
	[变格] 单数: музе́й, музе́я, музе́ю, музе́й, музе́ем, о музе́е; 复数: музе́и, музе́ев, музе́ям, музе́и, музе́ями, о музе́ях
магази́н	[阳性] 商店
	[变格] 单数: магази́н, магази́на, магази́ну, магази́н, магази́ном, о магази́не; 复数: магази́ны, магази́нов, магази́нам, магази́ны, магази́нами, о магази́нах
фильм	[阳性] 影片

	[变格]	单数：фильм, фильма, фильму, фильм, фильмом, о фильме; 复数：фильмы, фильмов, фильмам, фильмы, фильмами, о фильмах
телефо́н	[阳性]	电话
	[变格]	单数：телефон, телефона, телефону, телефон, телефоном, о телефоне; 复数：телефоны, телефонов, телефонам, телефоны, телефонами, о телефонах
ле́то	[中性]	夏天
	[变格]	单数：лето, лета, лету, лето, летом, о лете; 复数：лета, лет, летам, лета, летами, о летах
библиоте́ка	[阴性]	图书馆
	[变格]	单数：библиотека, библиотеки, библиотеке, библиотеку, библиотекой, о библиотеке; 复数：библиотеки, библиотек, библиотекам, библиотеки, библиотеками, о библиотеках
стадио́н	[阳性]	体育场
	[变格]	单数：стадион, стадиона, стадиону, стадион, стадионом, о стадионе; 复数：стадионы, стадионов, стадионам, стадионы, стадионами, о стадионах
ма́льчик	[阳性]	男孩
	[变格]	单数：мальчик, мальчика, мальчику, мальчика, мальчиком, о мальчике; 复数：мальчики, мальчиков, мальчикам, мальчиков, мальчиками, о мальчиках
ту́фли	[复数]	布鞋
	[变格]	复数：туфли, туфель, туфлям, туфли, туфлями, о туфлях
у́лица	[阴性]	马路
	[变格]	单数：улица, улицы, улице, улицу, улицей, об улице; 复数：улицы, улиц, улицам, улицы, улицами, об улицах
писа́тель	[阳性]	作家
	[变格]	单数：писатель, писателя, писателю, писателя, писателем, о писателе; 复数：писатели, писателей, писателям, писателей, писателями, о писателях
понеде́льник	[阳性]	星期一
	[变格]	单数：понедельник, понедельника, понедельнику, понедельник, понедельником, о понедельнике; 复数：понедельники, понедельников, понедельникам, понедельники, понедельниками, о понедельниках
воскресе́нье	[中性]	星期天
	[变格]	单数：воскресенье, воскресенья, воскресенью, воскресенье, воскресеньем, о воскресенье; 复数：воскресенья, воскресений, воскресеньям, воскресенья, воскресеньями, о воскресеньях
брю́ки	[复数]	裤子
	[变格]	复数：брюки, брюк, брюкам, брюки, брюками, о брюках

стихи́	[复数]诗
	[变格]复数：стихи́, стихо́в, стиха́м, стихи́, стиха́ми, о стиха́х
хи́мия	[阴性]化学
	[变格]单数：хи́мия, хи́мии, хи́мии, хи́мию, хи́мией, о хи́мии
хи́мик	[阳性]化学家
	[变格]单数：хи́мик, хи́мика, хи́мику, хи́мика, хи́миком, о хи́мике；复数：хи́мики, хи́миков, хи́микам, хи́миков, хи́миками, о хи́миках
студе́нт	[阳性]大学生
	[变格]单数：студе́нт, студе́нта, студе́нту, студе́нта, студе́нтом, о студе́нте；复数：студе́нты, студе́нтов, студе́нтам, студе́нтов, студе́нтами, о студе́нтах
вопро́с	[阳性]问题
	[变格]单数：вопро́с, вопро́са, вопро́су, вопро́с, вопро́сом, о вопро́се；复数：вопро́сы, вопро́сов, вопро́сам, вопро́сы, вопро́сами, о вопро́сах
преподава́тель	[阳性]（中、高等学校）教师，教员
	[变格]单数：преподава́тель, преподава́теля, преподава́телю, преподава́теля, преподава́телем, о преподава́теле；复数：преподава́тели, преподава́телей, преподава́телям, преподава́телей, преподава́телями, о преподава́телях
учёба	[阴性]学习
	[变格]单数：учёба, учёбы, учёбе, учёбу, учёбой, об учёбе

三、词汇重点

такси́	[中性]出租车
	[注意]такси́ 是中性名词，该词不变化
семья́	[阴性]家庭，一家人
	[注意]семья́ 的复数形式重音前移，为се́мьи
сестра́	[阴性]姐妹
	[注意]сестра́ 的复数形式重音前移，为сёстры
зима́	[阴性]冬天
	[注意]зима́ 的单数第四格重音前移，为зи́му；复数重音前移，为зи́мы
о́зеро	[中性]湖
	[注意]о́зеро 的复数形式重音后移，为озёра
хлеб	[阳性]面包
	[注意]хлеб 的复数形式是хлеба́
рубль	[阳性]卢布
	[注意]рубль 变格时重音后移，复数为рубли́
письмо́	[中性]信；书写；写作
	[注意]письмо́ 变复数时重音前移，为пи́сьма

| кино́ | [中性]影院 |
| | [注意]кино́ 是中性名词,该词不变化 |

☞ **以下知识在本课可以不用掌握,供以后查阅**

семья́	[阴性]家庭,一家人
	[注意]семья́ 变复数各格(除第二格)时重音前移
	[变格]单数:семья́, семьи́, семье́, семью́, семьёй, о семье́;复数:се́мьи, семе́й, се́мьям, се́мьи, се́мьями, о се́мьях

сестра́	[阴性]姐妹
	[注意]сестра́ 变复数各格(除第二、四格)时重音前移
	[变格]单数:сестра́, сестры́, сестре́, сестру́, сестро́й, о сестре́;复数:сёстры, сестёр, сёстрам, сестёр, сёстрами, о сёстрах

зима́	[阴性]冬天
	[注意]зима́ 的单数第四格和复数各格重音前移
	[变格]单数:зима́, зимы́, зиме́, зи́му, зимо́й, о зиме́;复数:зи́мы, зим, зи́мам, зи́мы, зи́мами, о зи́мах

о́зеро	[中性]湖
	[注意]о́зеро 变复数各格时重音后移
	[变格]单数:о́зеро, о́зера, о́зеру, о́зеро, о́зером, об о́зере;复数:озёра, озёр, озёрам, озёра, озёрами, об озёрах

хлеб	[阳性]面包
	[注意]хлеб 复数特殊,以-а́ 结尾,为хлеба́,变复数各格时重音后移
	[变格]单数:хлеб, хле́ба(хле́бу), хле́бу, хлеб, хле́бом, о хле́бе;复数:хлеба́, хлебо́в, хлеба́м, хлеба́, хлеба́ми, о хлеба́х

рубль	[阳性]卢布
	[注意]рубль 变格时重音后移
	[变格]单数:рубль, рубля́, рублю́, рубль, рублём, о рубле́;复数:рубли́, рубле́й, рубля́м, рубли́, рубля́ми, о рубля́х

письмо́	[中性]信;书写;写作
	[注意]письмо́ 的复数各格重音前移
	[变格]单数:письмо́, письма́, письму́, письмо́, письмо́м, о письме́;复数:пи́сьма, пи́сем, пи́сьмам, пи́сьма, пи́сьмами, о пи́сьмах

по́ле	[中性]田野;场地
	[注意]по́ле 变复数各格时重音后移
	[变格]单数:по́ле, по́ля, по́лю, по́ле, по́лем, о по́ле;复数:поля́, поле́й, поля́м, поля́, поля́ми, о поля́х

учи́тель	[阳性](中小学)教师,教员
	[注意]учи́тель 复数特殊,是учителя́,其复数各格重音后移
	[变格]单数:учи́тель, учи́теля, учи́телю, учи́теля, учи́телем, об учи́теле;复数:учителя́, учителе́й, учителя́м, учителе́й, учителя́ми, об учителя́х

déньги	[复数]钱		
	[注意]déньги 变格(除第二格)重音后移		
	[变格]复数:déньги, déнег, деньгáм, déньги, деньгáми, о деньгáх		
идти́	[未完成体]иду́, идёшь, идёт, идём, идёте, иду́т 走,步行		
	[注意]идти́ 过去时特殊		
	[过去时]шёл, шла, шло, шли		
занима́ться	[未完成体]занима́юсь, занима́ешься, занима́ется, занима́емся, занима́етесь, занима́ются 从事,学习		
	[注意]注意 занима́ться 过去时尾缀-ся 的变化		
	[过去时]занима́лся, занима́лась, занима́лось, занима́лись		

四、词汇记忆

о́сень	秋天	autumn
цветы́	花	flowers
приве́т	问候,致意	greeting(s), regards
такси́	出租车	taxi
семья́	家庭,一家人	family
сестра́	姐妹	sister
ме́сяц	月	month
зима́	冬天	winter
о́зеро	湖	lake
газе́та	报纸	newspaper
журна́л	杂志;记事簿	magazine; journal, diary
музе́й	博物馆	museum
магази́н	商店	shop, store
фильм	影片	film
телефо́н	电话	telephone
ле́то	夏天	summer
хлеб	面包	bread
рубль	卢布	rouble
ию́ль	七月	July
письмо́	信;书写;写作	letter; writing
библиоте́ка	图书馆	library
по́ле	田野;场地	field; playing field
стадио́н	体育场	stadium
ма́льчик	男孩	boy
ту́фли	布鞋	shoes
у́лица	马路	street
писа́тель	作家	writer, author

учи́тель	(中小学)教师,教员	teacher
понеде́льник	星期一	Monday
воскресе́нье	星期天	Sunday
брю́ки	裤子	trousers
кино́	影院	cinema, movie theater
де́ньги	钱	money
стихи́	诗	poetry
хи́мия	化学	chemistry
хи́мик	化学家	chemist
студе́нт	大学生	student, undergraduate
Институ́т ру́сского языка́	俄语学院	Russian institute
вопро́с	问题	question
преподава́тель	(中、高等学校)教师,教员	teacher, lecturer, instructor
учёба	学习	studies, studying
Росси́я	俄罗斯	Russia
А́зия	亚洲	Asia
Ки́ев	基辅	Kiev
Пеки́н	北京	Beijing, Peking
Кита́й	中国	China
люби́ть	爱	to love, like
идти́	走,步行	to go
е́хать	(乘车)去,来	to go (in or on a vehicle)
разгова́ривать	交谈	to talk (to, with), speak (to, with), converse (with)
мечта́ть	幻想,向往	to dream (of, about)
отвеча́ть	回答	to answer, reply
изуча́ть	学习,研究	to learn, study
занима́ться	从事;学习	to work (at, on); to study
ру́сский	俄罗斯的;俄语的	Russian
краси́вый	美丽的,漂亮的	beautiful, handsome
хоро́ший	好的	good, nice
о́сенью	(在)秋天	in autumn
за́втра	明天	tomorrow
здесь	这里	here
сейча́с	现在,马上	now, at present
сего́дня	今天	today
зимо́й	(在)冬天	in winter
ле́том	(在)夏天	in summer
то́лько	仅仅,只	only
по-кита́йски	用汉语	in Chinese

по-рýсски	用俄语	in Russian
по-анлúйски	用英语	in English
здóрово	真好,真棒	good
вкýсно	好吃,可口	deliciously
спасúбо	谢谢	thank you, thanks
пожáлуйста	请	please
До свидáния!	再见!	good-bye
скóлько	多少	how many, how much
вóсемь	八	eight
дéсять	十	ten
себя́	自己	oneself

 五、词汇造句

идтú	[未完成体]走,步行	
	Я идý на лéкцию. 我去上课。	
	Отéц идёт на пóчту. 父亲去邮局。	
éхать	[未完成体](乘车)去,来	
	Студéнт éдет в Пекúн. 学生去北京。	
	Мать éдет на завóд. 母亲去工厂。	
разговáривать	[未完成体]*о чём* 交谈	
	Дéти разговáривают об учёбе. 孩子们谈论学习。	
мечтáть	[未完成体]幻想,向往	
	Сын мечтáет учúться в Россúи. 儿子想去俄罗斯学习。	
отвечáть	[未完成体]*на что* 回答	
	Студéнты отвечáют на вопрóсы преподавáтеля. 大学生们回答老师的问题。	
изучáть	[未完成体]*что* 学习,研究	
	Отéц изучáет хúмию. 父亲研究化学。	
	Студéнты изучáют рýсский язы́к. 大学生们学习俄语。	
занимáться	[未完成体]从事,学习	
	Вéчером я занимáюсь в библиотéке. 晚上我在图书馆学习。	
	В воскресéнье дóчка занимáется дóма. 星期天女儿在家学习。	

第八课

一、词汇导读

本课要掌握名词单数第四格和第六格。

一些名词变复数形式特殊,如 дом — дома́, го́род — города́, по́вар — повара́, а́дрес — адреса́, друг — друзья́, брат — бра́тья, стул — сту́лья, де́рево — дере́вья, муж — мужья́, сосе́д — сосе́ди, у́хо — у́ши。

记住动词 рабо́тать, встава́ть, идти́, е́хать, жить, звать, стоя́ть, люби́ть, учи́ть 的变位形式。

二、词汇注释

календа́рь	[阳性] 日历 но́вый календа́рь 新日历 краси́вый календа́рь 好看的日历
	[注意] календа́рь 变格时重音后移
	[变格] 单四: календа́рь, 单六: в календаре́
янва́рь	[阳性] 一月 в январе́ 在一月
	[注意] янва́рь 变格时重音后移
	[变格] 单四: янва́рь, 单六: о январе́
февра́ль	[阳性] 二月 в феврале́ 在二月
	[注意] февра́ль 变格时重音后移
	[变格] 单四: февра́ль, 单六: о феврале́
март	[阳性] 三月 в ма́рте 在三月
	[变格] 单四: март, 单六: о ма́рте
апре́ль	[阳性] 四月 в апре́ле 在四月
	[变格] 单四: апре́ль, 单六: об апре́ле
май	[阳性] 五月 в ма́е 在五月
	[变格] 单四: май, 单六: о ма́е
ию́нь	[阳性] 六月 в ию́не 在六月
	[变格] 单四: ию́нь, 单六: об ию́не
а́вгуст	[阳性] 八月 в а́вгусте 在八月
	[变格] 单四: а́вгуст, 单六: об а́вгусте
сентя́брь	[阳性] 九月 в сентябре́ 在九月
	[注意] сентя́брь 变格时重音后移
	[变格] 单四: сентя́брь, 单六: о сентябре́
октя́брь	[阳性] 十月 в октябре́ 在十月
	[注意] октя́брь 变格时重音后移

	[变格]单四：октя́брь，单六：об октябре́
ноя́брь	[阳性]十一月 в ноябре́ 在十一月
	[注意]ноя́брь 变格时重音后移
	[变格]单四：ноя́брь，单六：о ноябре́
дека́брь	[阳性]十二月 в декабре́ 在十二月
	[注意]дека́брь 变格时重音后移
	[变格]单四：дека́брь，单六：о декабре́
встава́ть	[未完成体]встаю́, встаёшь, встаёт, встаём, встаёте, встаю́т 起来，起床 ра́но встава́ть 早早起床
за́втракать	[未完成体]за́втракаю, за́втракаешь, за́втракает, за́втракаем, за́втракаете, за́втракают 吃早饭 за́втракать в буфе́те 在小吃部吃早饭

☞ 以下知识在本课可以不用掌握，供以后查阅

март	[阳性]三月
	[变格]单数：март, ма́рта, ма́рту, март, ма́ртом, о ма́рте
апре́ль	[阳性]四月
	[变格]单数：апре́ль, апре́ля, апре́лю, апре́ль, апре́лем, об апре́ле
май	[阳性]五月
	[变格]单数：май, ма́я, ма́ю, май, ма́ем, о ма́е
ию́нь	[阳性]六月
	[变格]单数：ию́нь, ию́ня, ию́ню, ию́нь, ию́нем, об ию́не
а́вгуст	[阳性]八月
	[变格]单数：а́вгуст, а́вгуста, а́вгусту, а́вгуст, а́вгустом, об а́вгусте

三、词汇重点

календа́рь	[阳性]日历
	[注意]календа́рь 变格时重音后移，如 в календаре́（在日历里）
янва́рь	[阳性]一月
	[注意]янва́рь 变格时重音后移，如 в январе́（在一月）
февра́ль	[阳性]二月
	[注意]февра́ль 变格时重音后移，如 в феврале́（在二月）
сентя́брь	[阳性]九月
	[注意]сентя́брь 变格时重音后移，如 в сентябре́（在九月）
октя́брь	[阳性]十月
	[注意]октя́брь 变格时重音后移，如 в октябре́（在十月）
ноя́брь	[阳性]十一月
	[注意]ноя́брь 变格时重音后移，如 в ноябре́（在十一月）
дека́брь	[阳性]十二月
	[注意]дека́брь 变格时重音后移，如 в декабре́（在十二月）

☞ **以下知识在本课可以不用掌握，供以后查阅。**

январь	[阳性]一月	
	[注意]январь 变格时重音后移	
	[变格]单数：*январь, января, январю, январь, январём, о январе*	
февраль	[阳性]二月	
	[注意]февраль 变格时重音后移	
	[变格]单数：*февраль, февраля, февралю, февраль, февралём, о феврале*	
сентябрь	[阳性]九月	
	[注意]сентябрь 变格时重音后移	
	[变格]单数：*сентябрь, сентября, сентябрю, сентябрь, сентябрём, о сентябре*	
октябрь	[阳性]十月	
	[注意]октябрь 变格时重音后移	
	[变格]单数：*октябрь, октября, октябрю, октябрь, октябрём, об октябре*	
ноябрь	[阳性]十一月	
	[注意]ноябрь 变格时重音后移	
	[变格]单数：*ноябрь, ноября, ноябрю, ноябрь, ноябрём, о ноябре*	
декабрь	[阳性]十二月	
	[注意]декабрь 变格时重音后移	
	[变格]单数：*декабрь, декабря, декабрю, декабрь, декабрём, о декабре*	

四、词汇记忆

календарь	日历	calendar
январь	一月	January
февраль	二月	February
март	三月	March
апрель	四月	April
май	五月	May
июнь	六月	June
август	八月	August
сентябрь	九月	September
октябрь	十月	October
ноябрь	十一月	November
декабрь	十二月	December
вставать	起来,起床	to get up
завтракать	吃早饭	to (have) breakfast

五、词汇造句

вставáть 　　　［未完成体］起来，起床
　　　　　　　　Кáждый день мы рáно встаём. 每天我们很早起床。

第九课[1]

一、词汇注释

本课要掌握名词复数第六格。
掌握动词过去时,注意 быть 过去时(肯定和否定形式)重音的变化。

二、词汇注释

большо́й	[形容词]больша́я, большо́е, больши́е 大的 большо́й заво́д 大工厂 Большо́й теа́тр(莫斯科)大剧院
вели́кий	[形容词]вели́кая, вели́кое, вели́кие 伟大的,大的 вели́кий хи́мик 伟大的化学家 вели́кий худо́жник 伟大的画家 вели́кий музыка́нт 伟大的音乐家
стоя́ть	[未完成体]变位:сто́ю, стои́шь, стои́т, стои́м, стои́те, стоя́т;过去时:стоя́л, стоя́ла, стоя́ло, стоя́ли 站着,立放 стоя́ть у фонта́на 站在喷泉旁 стоя́ть в аудито́рии 站在教室里 Маши́на стои́т на стадио́не. 汽车停在体育场。
университе́т	[阳性]大学 изуча́ть хи́мию в университе́те 在大学学化学
	[变格]单数:университе́т, университе́та, университе́ту, университе́т, университе́том, об университе́те;复数:университе́ты, университе́тов, университе́там, университе́ты, университе́тами, об университе́тах
столо́вая	[阴性]食堂
	[变格]单数:столо́вая, столо́вой, столо́вой, столо́вую, столо́вой, о столо́вой;复数:столо́вые, столо́вых, столо́вым, столо́вые, столо́выми, о столо́вых
телеви́зор	[阳性]电视 смотре́ть телеви́зор 看电视
	[变格]单数:телеви́зор, телеви́зора, телеви́зору, телеви́зор, телеви́зором, о телеви́зоре;复数:телеви́зоры, телеви́зоров, телеви́зорам, телеви́зоры, телеви́зорами, о телеви́зорах
учи́ться	[未完成体]变位:учу́сь, у́чишься, у́чится, у́чимся, у́читесь, у́чатся;过去时:учи́лся, учи́лась, учи́лось, учи́лись 学习 учи́ться в шко́ле 在中学上学 учи́ться в Ки́еве 在基辅上学
ра́ньше	[副词]以前,从前 Ра́ньше дя́дя рабо́тал в Харби́не. 以前叔叔在哈尔滨工作。

---

[1] 从此课起名词给出单复数六个格的变化,可以根据教学情况选择使用。

	Ра́ньше брат учи́лся на ю́ге. 以前弟弟在南方上学。
лежа́ть	［未完成体］变位：лежу́, лежи́шь, лежи́т, лежи́м, лежи́те, лежа́т；过去时：лежа́л, лежа́ла, лежа́ло, лежа́ли 平放，躺 лежа́ть в ко́мнате 躺在房间里 На столе́ лежи́т уче́бник. 桌上放着教科书。
упражне́ние	［中性］习题，作业 де́лать упражне́ние 做练习
	［变格］单数：упражне́ние, упражне́ния, упражне́нию, упражне́ние, упражне́нием, об упражне́нии；复数：упражне́ния, упражне́ний, упражне́ниям, упражне́ния, упражне́ниями, об упражне́ниях
расска́зывать	［未完成体］о ком-чём 变位：расска́зываю, расска́зываешь, расска́зывает, расска́зываем, расска́зываете, расска́зывают；过去时：расска́зывал, расска́зывала, расска́зывало, расска́зывали 讲述 расска́зывать об учёбе в шко́ле 讲述学校里的学习情况 расска́зывать об университе́те 讲述大学的情况
быть	［动词］现在时：只用第三人称 есть（否定用 нет）；过去时：был, была́, бы́ло, бы́ли（не́ был, не была́, не́ было, не́ были）在；有；是 Вчера́ Анто́н был в теа́тре. 昨天安东看剧去了。За́втра Анто́н бу́дет в теа́тре. 明天安东要去看剧。
позавчера́	［副词］前天 Позавчера́ я был на ры́нке. 前天我去了市场。
парк	［阳性］公园；场，库 большо́й парк 大公园 отдыха́ть в па́рке 在公园休息
	［变格］单数：парк, па́рка, па́рку, парк, па́рком, о па́рке；复数：па́рки, па́рков, па́ркам, па́рки, па́рками, о па́рках
това́рищ	［阳性］同学，同事，同志 шко́льный това́рищ 中(小)学同学
	［变格］单数：това́рищ, това́рища, това́рищу, това́рища, това́рищем, о това́рище；复数：това́рищи, това́рищей, това́рищам, това́рищей, това́рищами, о това́рищах
домо́й	［副词］回家，往家里 идти́ домо́й 回家 е́хать домо́й 回家
учи́ть	［未完成体］что 变位：учу́, у́чишь, у́чит, у́чим, у́чите, у́чат；过去时：учи́л, учи́ла, учи́ло, учи́ли 学，背诵；教 учи́ть уро́к 学功课 учи́ть текст 背课文 учи́ть слова́ 背单词
сочине́ние	［中性］作文 писа́ть сочине́ние 写作文
	［变格］单数：сочине́ние, сочине́ния, сочине́нию, сочине́ние, сочине́нием, о сочине́нии；复数：сочине́ния, сочине́ний, сочине́ниям, сочине́ния, сочине́ниями, о сочине́ниях
давно́	［副词］很早以前，早就；很久 давно́ не ви́деть его́ 很久没看见他
ви́деть	［未完成体］кого́-что 变位：ви́жу, ви́дишь, ви́дит, ви́дим, ви́дите, ви́дят；过去时：ви́дел, ви́дела, ви́дело, ви́дели 看见 ви́деть их на стадио́не 在体育场看见他们
ждать	［未完成体］кого́-что 变位：жду, ждёшь, ждёт, ждём, ждёте, ждут；过去时：ждал, ждала́, ждало, жда́ли 等待，等 ждать его́ в музе́е 在博物馆等他 ждать тебя́ в аудито́рии 在教室里等你

школьный	[形容词] шко́льная, шко́льное, шко́льные 中小学的 шко́льный това́рищ 同学 шко́льный друг 学校的朋友
петь	[未完成体] что 或 о чём 变位: пою́, поёшь, поёт, поём, поёте, пою́т; 过去时: пел, пе́ла, пе́ло, пе́ли 唱, 唱歌 петь пе́сню 唱歌 петь на конце́рте 在音乐会上演唱 петь о Кита́е 歌唱中国
гита́ра	[阴性] 吉他 игра́ть на гита́ре 弹吉他
	[变格] 单数: гита́ра, гита́ры, гита́ре, гита́ру, гита́рой, о гита́ре; 复数: гита́ры, гита́р, гита́рам, гита́ры, гита́рами, о гита́рах
пе́сня	[阴性] 歌曲 петь пе́сню 唱歌 пе́сня о Москве́ 歌唱莫斯科的歌曲
	[变格] 单数: пе́сня, пе́сни, пе́сне, пе́сню, пе́сней, о пе́сне; 复数: пе́сни, пе́сен, пе́сням, пе́сни, пе́снями, о пе́снях
жаль	[插入语或谓语] 遗憾, 可惜; 可怜 Жаль, что вчера́ я не́ был на конце́рте. 很遗憾, 昨天我没看成音乐会。Жаль, что я давно́ его́ не ви́дела. 很遗憾, 我很久没见到他了。
весь	[代词] вся, всё, все 全部, 整个 весь текст 整篇课文 вся гру́ппа 全班 всё письмо́ 整封信 все студе́нты 全体大学生
гуля́ть	[未完成体] 变位: гуля́ю, гуля́ешь, гуля́ет, гуля́ем, гуля́ете, гуля́ют; 过去时: гуля́л, гуля́ла, гуля́ло, гуля́ли 散步 гуля́ть в саду́ 在花园里散步 гуля́ть в па́рке 在公园散步
фотографи́рова-ться	[未完成体] 变位: фотографи́руюсь, фотографи́руешься, фотографи́руется, фотографи́руемся, фотографи́руетесь, фотографи́руются; 过去时: фотографи́ровался, фотографи́ровалась, фотографи́ровалось, фотографи́ровались 摄影, 照相 фотографи́роваться в музе́е 在博物馆照相 Вся гру́ппа фотографи́ровалась на пло́щади. 全班在广场照了相。
ну	[语气词] 是吗? 真的吗
о́ба	[数词] 两者都 О́ба они́ у́чатся в университе́те. 他们俩个都在上大学。
матема́тика	[阴性] 数学 изуча́ть матема́тику 研究数学, 学数学
	[变格] 单数: матема́тика, матема́тики, матема́тике, матема́тику, матема́тикой, о матема́тике
вме́сте	[副词] 在一起 вме́сте игра́ть в футбо́л 一起踢足球
зада́ние	[中性] 作业, 任务 дома́шние зада́ния 家庭作业
	[变格] 单数: зада́ние, зада́ния, зада́нию, зада́ние, зада́нием, о зада́нии; 复数: зада́ния, зада́ний, зада́ниям, зада́ния, зада́ниями, о зада́ниях
тепе́рь	[副词] 现在
выходно́й	[形容词] выходна́я, выходно́е, выходны́е 休息的, 休假的 выходно́й день 休息日, 周末
собра́ться	[完成体] 变位: соберу́сь, соберёшься, соберётся, соберёмся, соберётесь, соберу́ются; 过去时: собра́лся, собрала́сь, собрало́сь, собрали́сь 聚到一起, 集合 Вся семья́ собрала́сь. 全家聚集在一起。Вся гру́ппа собрала́сь. 全班集合好了。

ребя́та	[复数]小伙子们；同学们,同伴们 Здра́вствуйте, ребя́та! 同学们好！До свида́ния, ребя́та! 同学们再见！
	[变格]复数：*ребя́та, ребя́т, ребя́там, ребя́т, ребя́тами, о ребя́тах*
вспомина́ть	[未完成体] кого́-что 或 о ком-чём 变位：*вспомина́ю, вспомина́ешь, вспомина́ет, вспомина́ем, вспомина́ете, вспомина́ют*；过去时：*вспомина́л, вспомина́ла, вспомина́ло, вспомина́ли* 回忆起,想起 вспомина́ть об учи́телях 想起老师 вспомина́ть о жи́зни в университе́те 回想起大学的生活
жизнь	[阴性]生活；生命 люби́ть жизнь 热爱生活
	[变格]单数：*жизнь, жи́зни, жи́зни, жизнь, жи́знью, о жи́зни*
тако́й	[代词] *така́я, тако́е, таки́е* 这样的

三、词汇重点

дере́вня	[阴性]农村 отдыха́ть в дере́вне 在农村休息 е́хать в дере́вню 去农村
	[注意] *дере́вня* 变复数各格时重音后移
	[变格]单数：*дере́вня, дере́вни, дере́вне, дере́вню, дере́вней, о дере́вне*；复数：*дере́вни, дереве́нь, деревня́м, дере́вни, деревня́ми, о деревня́х*
кремль	[阳性](古俄罗斯城堡的)内城；(第一个字母大写)克里姆林宫
	[注意] *кремль* 变格时重音后移
	[变格]单数：*кремль, кремля́, кремлю́, кремль, кремлём, о кремле́*
пло́щадь	[阴性]广场 стоя́ть на пло́щади 站在广场上
	[注意] *пло́щадь* 变复数各格时重音后移
	[变格]单数：*пло́щадь, пло́щади, пло́щади, пло́щадь, пло́щадью, о пло́щади*；复数：*пло́щади, площаде́й, площадя́м, пло́щади, площадя́ми, о площадя́х*
учени́к	[阳性](中小学的)学生
	[注意] *учени́к* 变格时重音后移
	[变格]单数：*учени́к, ученика́, ученику́, ученика́, ученико́м, об ученике́*；复数：*ученики́, ученико́в, ученика́м, ученико́в, ученика́ми, об ученика́х*
день	[阳性]天,日子 хоро́ший день 好日子 выходно́й день 休息日,周末
	[注意]变格时-e-脱落
	[变格]单数：*день, дня, дню, день, днём, о дне*；复数：*дни, дней, дням, дни, дня́ми, о днях*

四、词汇记忆

большо́й	大的	big, large
вели́кий	伟大的,大的	great, grand
шко́льный	中小学的	school
выходно́й	休息的,休假的	day off
стоя́ть	站着,立放	to stand

учи́ться	学习	to learn, study
лежа́ть	平放, 躺	to lie
расска́зывать	讲述	to tell (of)
быть	在; 有; 是	to be
учи́ть	学, 背诵; 教	to learn, memorize; to teach
ви́деть	看见	to see
ждать	等待, 等	to wait for
петь	唱, 唱歌	to sing
гуля́ть	散步	to walk
фотографи́роваться	摄影, 照相	to be photo graphed, have one's photo taken
собра́ться	聚到一起, 集合	to gather, assemble
вспомина́ть	回忆起, 想起	to remember, recall
ра́ньше	以前, 从前	before, formerly
позавчера́	前天	the day before yesterday
домо́й	回家, 往家里	home, homewards
давно́	很早以前, 早就; 很久	long ago; for a long time
вме́сте	在一起	together
тепе́рь	现在	now, nowadays
университе́т	大学	university
столо́вая	食堂, 饭厅	dining-room
телеви́зор	电视	television set
упражне́ние	习题, 作业	exercising
дере́вня	农村	village, country
парк	公园; 场, 库	park
кремль	(古俄罗斯城堡的) 内墙	citadel
това́рищ	同学, 同事, 同志	comrade
пло́щадь	广场	square
учени́к	(中小学的) 学生	schoolchild, pupil
сочине́ние	作文	composition, eassay
гита́ра	吉他	guitar
пе́сня	歌曲	song
матема́тика	数学	mathmatics
зада́ние	作业; 任务	task, job
день	天, 日子	day
ребя́та	小伙子们; 同学们, 同伴们	children, boys, lads
жизнь	生活; 生命	life
Харби́н	哈尔滨	Harbin
Кремль	克里姆林宫	the Kremlin
Наки́н	南京	Nanjing
жаль	遗憾, 可惜; 可怜	to pity, feel sorry (for); (it is) a pity, a shame

весь	全部, 整个	all
ну	是吗？真的吗？喂（表示催促、号召等）	not really? well, come on
óба	两者都	both
такóй	这样的	such, so

 **五、词汇造句**

учи́ться ［未完成体］学习
　　Мы у́чимся в Институ́те ру́сского языка́. 我们在俄语学院学习。

весь ［代词］全部, 整个
　　Вся семья́ смо́трит телеви́зор. 全家一起看电视。

вспомина́ть ［未完成体］*кого́-что* 或 *о ком-чём* 回忆起, 想起
　　Мы вспомина́ем об учителя́х, о жи́зни в университе́те. 我们想起了中学的老师，回忆起大学的生活。

такóй ［代词］这样的
　　Что такóе кóсмос? 宇宙是什么？
　　Что такóе кни́га? 书是什么？
　　Кто такóй он? 他是干什么的？
　　Кто така́я она́? 她是干什么的？
　　Кто таки́е они́? 他们是干什么的？

第十课

一、词汇导读

到本课为止要掌握名词、形容词(но́вый, большо́й, хоро́ший, си́ний)的六个格的变化。记住形容词的硬变化和软变化形式。

二、词汇注释

городско́й	[形容词] городска́я, городско́е, городски́е 城市的；市立的 городско́й центр 市中心 городска́я библиоте́ка 市图 городска́я больни́ца 市立医院
де́тство	[中性] 童年 в де́тстве 在童年 вспомина́ть о де́тстве 回忆起童年 [变格] 单数：де́тство, де́тства, де́тству, де́тство, де́тством, о де́тстве
де́тский	[形容词] де́тская, де́тское, де́тские 儿童的 де́тский сад 幼儿园 де́тский дом 孤儿院 де́тская больни́ца 儿童医院 де́тский кинотеа́тр 儿童电影院
молодо́й	[形容词] молода́я, молодо́е, молоды́е 年轻的 молодо́й худо́жник 年轻的画家 молода́я студе́нтка 年轻的女大学生 молода́я карто́шка 新土豆
кра́сный	[形容词] кра́сная, кра́сное, кра́сные 红色的 кра́сные цветы́ 红花 Кра́сная пло́щадь (莫斯科) 红场
дома́шний	[形容词] дома́шняя, дома́шнее, дома́шние 家庭的 дома́шний компью́тер 家用电脑 дома́шние зада́ния 家庭作业 дома́шняя рабо́та 家务
си́ний	[形容词] си́няя, си́нее, си́ние 蓝色的 си́ний плащ 蓝色的风衣 си́няя ко́фта 蓝色上衣 си́нее мо́ре 蓝色的大海
вече́рний	[形容词] вече́рняя, вече́рнее, вече́рние 晚上的；参加晚会穿的 вече́рняя газе́та 晚报 вече́рний конце́рт 晚会 вече́рнее пла́тье 晚礼服
англи́йский	[形容词] англи́йская, англи́йское, англи́йские 英国的；英语的 англи́йский фильм 英国电影 англи́йские писа́тели 英国作家 англи́йский фильм 英国影片 англи́йский язы́к 英语
плохо́й	[形容词] плоха́я, плохо́е, плохи́е 不好的 плохо́й уче́бник 不好的教科书 плоха́я пого́да 不好的天气
све́жий	[形容词] све́жая, све́жее, све́жие 新鲜的；清新的；新的 све́жий хлеб 新鲜的面包 све́жая газе́та 新报纸 све́жее мя́со 鲜肉 све́жие о́вощи 新鲜蔬菜
горя́чий	[形容词] горя́чая, горя́чее, горя́чие 热的；热烈的 горя́чий суп 热汤 горя́чая вода́ 热水 горя́чее молоко́ 热牛奶 горя́чий приве́т 热情的问候
зи́мний	[形容词] зи́мняя, зи́мнее, зи́мние 冬天的；冬季用的 зи́мние но́чи 冬天的夜晚 зи́мняя ша́пка 冬天戴的帽子 зи́мнее пальто́ 冬天穿的大衣

квартúра	[阴性]一套房间,(独户的)住房 большáя квартúра 一大套房子
	[变格]单数: квартúра, квартúры, квартúре, квартúру, квартúрой, о квартúре; 复数: квартúры, квартúр, квартúрам, квартúры, квартúрами, о квартúрах
рабóчий	[形容词或阳性] рабóчая, рабóчее, рабóчие 办公的, 工人的; 工人 рабóчая семья́ 工人家庭 молоды́е рабóчие 年轻的工人们
срéдний	[形容词] срéдняя, срéднее, срéдние 中间的; 中等的; 平均的 срéднее окнó 中间的窗户 срéдняя шкóла 中学 срéднее врéмя 平均时间
китáйский	[形容词] китáйская, китáйское, китáйские 中国的 китáйский язы́к 汉语 китáйская мýзыка 中国音乐
мáленький	[形容词] мáленькая, мáленькое, мáленькие 小的 мáленький гóрод 小城市 мáленькая плóщадь 小广场 мáленькие дéти 小孩子们
лéкция	[阴性](大学的)讲课,讲座 слýшать лéкцию 听讲座,听课 читáть лéкцию 讲课
	[变格]单数: лéкция, лéкции, лéкции, лéкцию, лéкцией, о лéкции; 复数: лéкции, лéкций, лéкциям, лéкции, лéкциями, о лéкциях
родúтели	[复数]父母,双亲
	[变格]复数: родúтели, родúтелей, родúтелям, родúтелей, родúтелями, о родúтелях
лéтний	[形容词] лéтняя, лéтнее, лéтние 夏天的 Лéтний сад (圣彼得堡)夏园
заня́тие	[中性]课,课堂 идти́ на заня́тие 上课
	[变格]单数: заня́тие, заня́тия, заня́тию, заня́тие, заня́тием, о заня́тии; 复数: заня́тия, заня́тий, заня́тиям, заня́тия, заня́тиями, о заня́тиях
úли	[连接词]或者
стáрший	[形容词] стáршая, стáршее, стáршие 年岁最大的; 年长的 стáрший брат 哥哥 стáршая сестрá 姐姐 стáрший класс 高年级
млáдший	[形容词] млáдшая, млáдшее, млáдшие 年纪较小的 млáдший брат 弟弟 млáдшая сестрá 妹妹 млáдший класс 低年级
москóвский	[形容词] москóвская, москóвское, москóвские 莫斯科的 Москóвский университéт 莫斯科大学 москóвское метрó 莫斯科地铁
кинотеáтр	[阳性]电影院 дéтский кинотеáтр 儿童电影院 идти́ в кинотеáтр 去看电影
	[变格]单数: кинотеáтр, кинотеáтра, кинотеáтру, кинотеáтр, кинотеáтром, о кинотеáтре; 复数: кинотеáтры, кинотеáтров, кинотеáтрам, кинотеáтры, кинотеáтрами, о кинотеáтрах
больнúца	[阴性]医院 дéтская больнúца 儿童医院 городскáя больнúца 市立医院
	[变格]单数: больнúца, больнúцы, больнúце, больнúцу, больнúцей, о больнúце; 复数: больнúцы, больнúц, больнúцам, больнúцы, больнúцами, о больнúцах
свой	[代词] своя́, своё, свои́ 自己的 свой сын 自己的儿子 своя́ дóчка 自己的女儿 своё фóто 自己的照片 свои́ родúтели 自己的父母
сидéть	[未完成体]变位: сижý, сидúшь, сидúт, сидúм, сидúте, сидя́т; 过去时: сидéл, сидéла, сидéло, сидéли 坐着 сидéть у окнá 坐在窗户旁边 сидéть на окнé

		坐在窗台上
торго́вый	[形容词]	*торго́вая*, *торго́вое*, *торго́вые* 贸易的 *торго́вая фи́рма* 贸易公司
фи́рма	[阴性]	公司 *больша́я фи́рма* 大公司
	[变格]	单数：*фи́рма*, *фи́рмы*, *фи́рме*, *фи́рму*, *фи́рмой*, *о фи́рме*；复数：*фи́рмы*, *фирм*, *фи́рмам*, *фи́рмы*, *фи́рмами*, *о фи́рмах*
медици́нский	[形容词]	*медици́нская*, *медици́нское*, *медици́нские* 医学的 *медици́нский факульте́т* 医学系 *медици́нский институ́т* 医学院
пеки́нский	[形容词]	*пеки́нская*, *пеки́нское*, *пеки́нские* 北京的 *Пеки́нский университе́т* 北京大学
истори́ческий	[形容词]	*истори́ческая*, *истори́ческое*, *истори́ческие* 历史的 *истори́ческий факульте́т* 历史系 *истори́ческий музе́й* 历史博物馆
факульте́т	[阳性]	系 *факульте́т ру́сского языка́* 俄语系
	[变格]	单数：*факульте́т*, *факульте́та*, *факульте́ту*, *факульте́т*, *факульте́том*, *о факульте́те*；复数：*факульте́ты*, *факульте́тов*, *факульте́там*, *факульте́ты*, *факульте́тами*, *о факульте́тах*
почему́	[副词]	为什么
больно́й	[形容词]	*больна́я*, *больно́е*, *больны́е* 有病的 *больно́й ма́льчик* 生病的男孩
специа́льность	[阴性]	专业 *Моя́ специа́льность — хи́мия.* 我的专业是化学。
	[变格]	单数：*специа́льность*, *специа́льности*, *специа́льности*, *специа́льность*, *специа́льностью*, *о специа́льности*；复数：*специа́льности*, *специа́льностей*, *специа́льностям*, *специа́льности*, *специа́льностями*, *о специа́льностях*
литерату́ра	[阴性]	文学 *де́тская литерату́ра* 儿童文学 *ру́сский язы́к и литерату́ра* 俄语语言文学
	[变格]	单数：*литерату́ра*, *литерату́ры*, *литерату́ре*, *литерату́ру*, *литерату́рой*, *о литерату́ре*
неда́вно	[副词]	不久
ка́ждый	[代词]	*ка́ждая*, *ка́ждое*, *ка́ждые* 每个，每 *ка́ждый студе́нт* 每个大学生
кро́ме того́	[插入语]	除此之外，此外
видеофи́льм	[阳性]	影视剧 *смотре́ть видеофи́льм* 看影视剧
	[变格]	单数：*видеофи́льм*, *видеофи́льма*, *видеофи́льму*, *видеофи́льм*, *видеофи́льмом*, *о видеофи́льме*；复数：*видеофи́льмы*, *видеофи́льмов*, *видеофи́льмам*, *видеофи́льмы*, *видеофи́льмами*, *о видеофи́льмах*
да́же	[副词]	甚至
весёлый	[形容词]	*весёлая*, *весёлое*, *весёлые* 快乐的 *весёлые де́ти* 快乐的孩子们
до́брый	[形容词]	*до́брая*, *до́брое*, *до́брые* 善良的 *до́брый врач* 善良的医生 *до́брые слова́* 善良的话语
родно́й	[形容词]	*родна́я*, *родно́е*, *родны́е* 家乡的；亲爱的 *родно́й язы́к* 母语 *родна́я дере́вня* 故乡 *родно́й сын* 亲生儿子 *родны́е ребя́та* 亲爱的孩子们
расска́з	[阳性]	讲述；短篇小说 *расска́з о жи́зни в Пеки́не* 讲述北京的生活 *англи́йский*

	расскáз 英国小说
	[变格]单数：расскáз, расскáза, расскáзу, расскáз, расскáзом, о расскáзе；复数：расскáзы, расскáзов, расскáзам, расскáзы, расскáзами, о расскáзах
знаменѝтый	[形容词]знаменѝтая, знаменѝтое, знаменѝтые 著名的 знаменѝтый писáтель 著名作家 знаменѝтый Кремль（莫斯科）著名的克里姆林宫
ли	[连接词]是否，吗

三、词汇重点

пальтó	[中性]大衣 сѝнее пальтó 蓝色的大衣 зѝмнее пальтó 棉大衣
	[注意]пальтó 是中性名词，该词不变化
дéрево	[中性]树 большóе дéрево 大树
	[注意]дéрево 复数各格形式特殊
	[变格]单数：дéрево, дéрева, дéреву, дéрево, дéревом, о дéреве；复数：дерéвья, дерéвьев, дерéвьям, дерéвья, дерéвьями, о дерéвьях
человéк	[阳性]人 молодóй человéк 年轻人
	[注意]человéк 的复数是 лю́ди
	[变格]单数：человéк, человéка, человéку, человéка, человéком, о человéке；复数：лю́ди, людéй, лю́дям, людéй, людьмѝ, о лю́дях
водá	[阴性]水；饮料；水域 горя́чая водá 热水
	[注意]водá 的单数第四格以及复数各格重音前移
	[变格]单数：водá, водý, водé, вóду, водóй, о водé；复数：вóды, вод, вóдам, вóды, вóдами, о вóдах
дворéц	[阳性]宫殿，宫 Зѝмний дворéц（圣彼得堡）冬宫
	[注意]дворéц 变格时-é-脱落，重音后移
	[变格]单数：дворéц, дворцá, дворцý, дворéц, дворцóм, о дворцé；复数：дворцы́, дворцóв, дворцáм, дворцы́, дворцáми, о дворцáх
москвѝч	[阳性]莫斯科人
	[注意]москвѝч 变格时重音后移
	[变格]单数：москвѝч, москвичá, москвичý, москвичá, москвичóм, о москвичé；复数：москвичѝ, москвичéй, москвичáм, москвичéй, москвичáми, о москвичáх
родѝться	[完成体]过去时：родѝлся, родилáсь, родилóсь, родилѝсь 出生；产生 родѝться в дерéвне 出生在农村 родѝться в большóм гóроде 出生在大城市 Родѝлся вопрóс. 产生了一个问题。
ужé	[副词]已经
педагогѝческий	[形容词]педагогѝческая, педагогѝческое, педагогѝческие 师范的 Пекѝнский педагогѝческий университéт 北京师范大学
звать	[未完成体]когó-что 变位：зовý, зовёшь, зовёт, зовём, зовёте, зовýт；过去时：звал, звалá, звáло, звáли 招呼，叫来；叫做 звать тебя́ на пóчту 叫你去邮局 Меня́ зовýт Антóн. 我叫安东。

место	[中性]地方；座位 рабо́чее ме́сто 工作地点 знамени́тое ме́сто 有名的地方 своё ме́сто 自己的座位
	[注意] ме́сто 的复数各格重音后移
	[变格]单数：ме́сто, ме́ста, ме́сту, ме́сто, ме́стом, о ме́сте；复数：места́, мест, места́м, места́, места́ми, о места́х

四、词汇记忆

городско́й	城市的；市立的	urban；city, municipal
де́тский	儿童的	child's, children's
молодо́й	年轻的	young
кра́сный	红色的	red
дома́шний	家庭的	house, home, domestic
си́ний	蓝色的	(dark) blue
вече́рний	晚上的；参加晚会穿的	evening
англи́йский	英国的；英语的	British；English
плохо́й	不好的	bad, poor
све́жий	新鲜的；清新的；新的	fresh
горя́чий	热的；热烈的	hot；warm
зи́мний	冬天的；冬季用的	winter；wintry
рабо́чий	工人；办公的，工人的	worker, workman；worker's, working
сре́дний	中间的；中等的；平均的	middle
кита́йский	中国的	Chinese
ма́ленький	小的	little, small
ле́тний	夏天的	summer, summery
ста́рший	年岁最大的；年长的	elder, older；eldest, oldest
мла́дший	年纪较小的	young, jonior
моско́вский	莫斯科的	Moscow
торго́вый	贸易的	trade, commercial
медици́нский	医学的	medical
пеки́нский	北京的	Peking, Beijing
истори́ческий	历史的	hostorical
больно́й	有病的	ill, sick
педагоги́ческий	师范的	pedagogical；educational
весёлый	快乐的	cheerful, merry
до́брый	善良的；好的	kind；good
родно́й	家乡的；亲爱的	native, home；dear
знамени́тый	著名的	celebrated, famous
свой	自己的	one's own
ка́ждый	每个，每	every, each

де́тство	童年	childhood
пальто́	大衣	(over) coat
де́рево	树	tree
челове́к	人	man, person
кварти́ра	一套房间,(独户的)住房	flat, department
вода́	水;饮料;水域	water; the waters
ле́кция	(大学的)讲课,讲座	lecture
роди́тели	父母,双亲	parents
дворе́ц	宫殿,馆	palace
Зи́мний дворе́ц	冬宫	Winter Palace
заня́тие	课,课堂	lesson, class
кинотеа́тр	电影院	cinema, movie theater
больни́ца	医院	hospital
фи́рма	公司	firm
факульте́т	系	department, faculty
специа́льность	专业	major
литерату́ра	文学	literature
видеофи́льм	影视剧	vediofilm
расска́з	讲述;故事;短篇小说	story; account
ме́сто	地方;座位	place; site
Сара́тов	萨拉托夫	Caratov
Янцзы́	长江	the Yangtse river
Арба́т	阿尔巴特(大街)	Arbat
сиде́ть	坐着	to sit
роди́ться	出生;产生	to be born; to arise, come into being
звать	招呼,叫来;叫做	to ask; to call
и́ли	或者	or
почему́	为什么	why
уже́	已经	already, by now
неда́вно	不久	recently
кро́ме того́	除此之外,此外	besides, moreover
да́же	甚至	even
ли	是否,吗	whether, if

 五、词汇造句

ка́ждый	[连接词]每个,每
	Ка́ждый студе́нт хорошо́ у́чится. 每个大学生都好好学习。
	Ка́ждая студе́нтка краси́вая. 每个女大学生都很漂亮。
кро́ме того́	[插入语]除此之外,此外

В университете мы изучаем русский язык, кроме того, ещё изучаем английский. 在大学我们除了学习俄语外，还学习英语。

родиться ［完成体］出生；产生

Я родился в маленькой деревне. 我出生在一个小乡村。

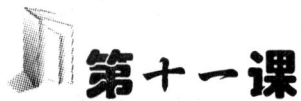

一、词汇导读

本课要掌握名词、形容词单数第四格的变化和用法。记住：阳性动物名词的单数第四格同第二格形式，如 студéнт — студéнта, хи́мик — хи́мика, товáрищ — товáрища, герóй — герóя, учи́тель — учи́теля。

二、词汇注释

интерéсный	[形容词] интерéсная, интерéсное, интерéсные 有趣的 интерéсная кни́га 有趣的书 интерéсный расскáз 有趣的故事
чи́стый	[形容词] чи́стая, чи́стое, чи́стые 干净的 чи́стая водá 净水 чи́стая кóмната 干净的房间
герóй	[阳性] 英雄, 主人公 ви́деть герóя 看见英雄 герóй в фи́льме 电影中的主人公 [变格] 单数: герóй, герóя, герóю, герóя, герóем, о герóе; 复数: герóи, герóев, герóям, герóев, герóями, о герóях
мужчи́на	[阳性] 男人 ждать мужчи́ну 等男子 [变格] 单数: мужчи́на, мужчи́ны, мужчи́не, мужчи́ну, мужчи́ной, о мужчи́не; 复数: мужчи́ны, мужчи́н, мужчи́нам, мужчи́н, мужчи́нами, о мужчи́нах
конéчно	[插入语] 当然
дежу́рный	[阳性或形容词] дежу́рная, дежу́рное, дежу́рные 值日生; 值日的 знать дежу́рного 了解值日生 [变格] 单数: дежу́рный, дежу́рного, дежу́рному, дежу́рного, дежу́рным, о дежу́рном; 复数: дежу́рные, дежу́рных, дежу́рным, дежу́рных, дежу́рными, о дежу́рных
встречáть	[未完成体] когó-что 变位: встречáю, встречáешь, встречáет, встречáем, встречáете, встречáют; 过去时: встречáл, встречáла, встречáло, встречáли когó-что 遇见; 迎接 встречáть учи́теля на у́лице 在街上遇见老师 встречáть гóстя дóма 在家里迎接客人 встречáть герóя 迎接英雄
купи́ть	[完成体] что 变位: куплю́, ку́пишь, ку́пит, ку́пим, ку́пите, ку́пят; 过去时: купи́л, купи́ла, купи́ло, купи́ли 买 купи́ть кóфту 买上衣 купи́ть кни́гу 买书 купи́ть вечéрнее плáтье 买晚礼服
плáтье	[中性] 连衣裙 вечéрнее плáтье 晚礼服 [变格] 单数: плáтье, плáтья, плáтью, плáтье, плáтьем, о плáтье; 复数: плáтья, плáтьев, плáтьям, плáтья, плáтьями, о плáтьях

костюм	[阳性]服装；一套衣服 красивый костюм 好看的衣服 купить костюм 买一套衣服
	[变格]单数：костюм, костюма, костюму, костюм, костюмом, о костюме；复数：костюмы, костюмов, костюмам, костюмы, костюмами, о костюмах
русско-китайский	[形容词] русско-китайская, русско-китайское, русско-китайские 俄汉的 русско-китайский словарь 俄汉词典
неплохо	[副词]不错 учиться неплохо 学习不错
зарабатывать	[未完成体] что 变位：зарабатываю, зарабатываешь, зарабатывает, зарабатываем, зарабатываете, зарабатывают；过去时：зарабатывал, зарабатывала, зарабатывало, зарабатывали 挣得（工钱），挣钱 зарабатывать деньги 挣钱 зарабатывать много 挣钱多 зарабатывать неплохо 工资不少
свободный	[形容词] свободная, свободное, свободные 空闲的；自由的 свободное место 空座 в свободное время 在空闲时 свободные дети 自由的孩子们
фотографировать	[未完成体] кого-что 变位：фотографирую, фотографируешь, фотографирует, фотографируем, фотографируете, фотографируют；过去时：фотографировал, фотографировала, фотографировало, фотографировали 拍照，摄影 фотографировать цветы 拍摄花卉 фотографировать героя 给英雄拍照
фотография	[阴性]照片
	[变格]单数：фотография, фотографии, фотографии, фотографию, фотографией, о фотографии；复数：фотографии, фотографий, фотографиям, фотографии, фотографиями, о фотографиях
послезавтра	[副词]后天
рисовать	[未完成体] кого-что 变位：рисую, рисуешь, рисует, рисуем, рисуете, рисуют；过去时：рисовал, рисовала, рисовало, рисовали 素描,画(素描)画 рисовать море 画大海 рисовать большие деревья 画大树
высокий	[形容词] высокая, высокое, высокие 高的 высокий шкаф 高柜子 высокий мужчина 高个男子 высокая гора 高山
женщина	[阴性]女人
	[变格]单数：женщина, женщины, женщине, женщину, женщиной, о женщине；复数：женщины, женщин, женщинам, женщин, женщинами, о женщинах
декан	[阳性]系主任
	[变格]单数：декан, декана, декану, декана, деканом, о декане；复数：деканы, деканов, деканам, деканов, деканами, о деканах
переводить	[未完成体] что 变位：перевожу, переводишь, переводит, переводим, переводите, переводят；过去时：переводил, переводила, переводило, переводили 翻译；领过去；调任 переводить текст 翻译课文 переводить рассказ 翻

译小说 переводи́ть де́ньги на по́чте 在邮局汇款 переводи́ть нас в другу́ю шко́лу 领我们去另一所学校 переводи́ть его́ в друго́й институ́т 把他调到另一所大学

посеща́ть	[未完成体]кого́-что 变位：посеща́ю, посеща́ешь, посеща́ет, посеща́ем, посеща́ете, посеща́ют；过去时：посеща́л, посеща́ла, посеща́ло, посеща́ли 拜访，访问，参观 посеща́ть молодо́го профе́ссора 拜访年轻的教授 посеща́ть заня́тие 上课 посеща́ть ле́кцию 去听讲座 посеща́ть вы́ставку 参观展览会
ро́дственник	[阳性]亲戚，亲属 встреча́ть ро́дственника на вокза́ле 在火车站迎接亲属 посеща́ть ро́дственника 看亲属
	[变格]单数：ро́дственник, ро́дственника, ро́дственнику, ро́дственника, ро́дственником, о ро́дственнике；复数：ро́дственники, ро́дственников, ро́дственникам, ро́дственников, ро́дственниками, о ро́дственниках
блог	[阳性]博客 писа́ть в блог 写博客
	[变格]单数：блог, бло́га, бло́гу, блог, бло́гом, о бло́ге
немно́го	[副词]不多，一点
иску́сство	[中性]艺术 ру́сское иску́сство 俄罗斯艺术 ру́сская литерату́ра и иску́сство 俄罗斯文艺
	[变格]单数：иску́сство, иску́сства, иску́сству, иску́сство, иску́сством, об иску́сстве
наро́дный	[形容词]наро́дная, наро́дное, наро́дные 民间的；人民的 наро́дная литерату́ра 民间文学 Наро́дный банк 人民银行
бале́т	[阳性]芭蕾舞 ру́сский бале́т 俄罗斯芭蕾 смотре́ть бале́т в Большо́м теа́тре 在大剧院看芭蕾舞
	[变格]单数：бале́т, бале́та, бале́ту, бале́т, бале́том, о бале́те
филологи́ческий	[形容词]филологи́ческая, филологи́ческое, филологи́ческие 语文(学)的 учи́ться на филологи́ческом факульте́те 在语文系学习
пе́рвый	[数词]пе́рвая, пе́рвое, пе́рвые 第一的 пе́рый класс в шко́ле 小学一年级 пе́рвые места́ 前几个座位；前几个位置(前几名)
курс	[阳性]年级；课堂 мла́дший курс 低年级 ста́рший курс 高年级 на пе́рвом ку́рсе 在一年级
	[变格]单数：курс, ку́рса, ку́рсу, курс, ку́рсом, о ку́рсе；复数：ку́рсы, ку́рсов, ку́рсам, ку́рсы, ку́рсами, о ку́рсах
исто́рия	[阴性]历史；往事；故事 изуча́ть исто́рию 研究历史 кита́йская исто́рия 中国历史
	[变格]单数：исто́рия, исто́рии, исто́рии, исто́рию, исто́рией, об исто́рии
друго́й	[形容词]друга́я, друго́е, други́е 别的；不同的 друга́я кни́га 另一本书 други́е друзья́ 其他朋友
предме́т	[阳性](教学)课程
	[变格]单数：предме́т, предме́та, предме́ту, предме́т, предме́том, о предме́те；

	复数：*предме́ты*, *предме́тов*, *предме́там*, *предме́ты*, *предме́тами*, *о предме́тах*
изве́стный	[形容词]*изве́стная*, *изве́стное*, *изве́стные* 著名的 *изве́стный поэ́т* 著名诗人 *изве́стный писа́тель* 著名作家 *изве́стный университе́т* 著名大学
поликли́ника	[阴性]门诊部 *рабо́тать в поликли́нике* 在门诊部工作
	[变格]单数：*поликли́ника*, *поликли́ники*, *поликли́нике*, *поликли́нику*, *поликли́никой*, *о поликли́нике*；复数：*поликли́ники*, *поликли́ник*, *поликли́никам*, *поликли́ники*, *поликли́никами*, *о поликли́никах*
междунаро́дный	[形容词]*междунаро́дная*, *междунаро́дное*, *междунаро́дные* 国际的
кинофестива́ль	[阳性]电影节 *междунаро́дный кинофестива́ль* 国际电影节
	[变格]单数：*кинофестива́ль*, *кинофестива́ля*, *кинофестива́лю*, *кинофестива́ль*, *кинофестива́лем*, *о кинофестива́ле*
иностра́нный	[形容词]*иностра́нная*, *иностра́нное*, *иностра́нные* 外国的 *иностра́нные языки́* 外语 *иностра́нная фи́рма* 外国公司
журнали́ст	[阳性]新闻记者 *англи́йский журнали́ст* 英国记者
	[变格]单数：*журнали́ст*, *журнали́ста*, *журнали́сту*, *журнали́ста*, *журнали́стом*, *о журнали́сте*；复数：*журнали́сты*, *журнали́стов*, *журнали́стам*, *журнали́стов*, *журнали́стами*, *о журнали́стах*
танцева́ть	[未完成体]变位：*танцу́ю*, *танцу́ешь*, *танцу́ет*, *танцу́ем*, *танцу́ете*, *танцу́ют*；过去时：*танцева́л*, *танцева́ла*, *танцева́ло*, *танцева́ли* 跳舞 *петь и танцева́ть* 唱歌跳舞
ду́мать	[未完成体]*что* 或 *о чём* 变位：*ду́маю*, *ду́маешь*, *ду́мает*, *ду́маем*, *ду́маете*, *ду́мают*；过去时：*ду́мал*, *ду́мала*, *ду́мало*, *ду́мали* 想；认为，以为 *ду́мать о вопро́се* 思考问题

三、词汇重点

год	[阳性]年，一年；年代，年岁
	[注意]*год* 单数第六格特殊，复数各格特殊
	[变格]单数：*год*, *го́да*, *го́ду*, *год*, *го́дом*, *о го́де*（*в году́*）；复数：*года́*（*го́ды*），*лет*（*годо́в*），*года́м*, *года́*（*го́ды*），*года́ми*, *о года́х*
каранда́ш	[阳性]铅笔 *кра́сный каранда́ш* 红色铅笔
	[注意]*каранда́ш* 变格重音后移
	[变格]单数：*каранда́ш*, *карандаша́*, *карандашу́*, *каранда́ш*, *карандашо́м*, *о карандаше́*；复数：*карандаши́*, *карандаше́й*, *карандаша́м*, *карандаши́*, *карандаша́ми*, *о карандаша́х*
кита́ец	[阳性]中国人
	[注意]*кита́ец* 变格时 -е- 变成 -й-
	[变格]单数：*кита́ец*, *кита́йца*, *кита́йцу*, *кита́йца*, *кита́йцем*, *о кита́йце*；复数：*кита́йцы*, *кита́йцев*, *кита́йцам*, *кита́йцев*, *кита́йцами*, *о кита́йцах*

рису́нок	[阳性]图画 краси́вый рису́нок 好看的画 рису́нок в уче́бнике 教科书中的插图	
	[注意]рису́нок 变格时-o-脱落	
	[变格]单数:*рису́нок*,*рису́нка*,*рису́нку*,*рису́нок*,*рису́нком*,*о рису́нке*;复数:*рису́нки*,*рису́нков*,*рису́нкам*,*рису́нки*,*рису́нками*,*о рису́нках*	
сосе́д	[阳性]邻居;邻座的人 ви́деть сосе́да 看见邻居 ждать сосе́да 等同桌	
	[注意]сосе́д 复数特殊,为 сосе́ди,复数变格形式特殊	
	[变格]单数:*сосе́д*,*сосе́да*,*сосе́ду*,*сосе́да*,*сосе́дом*,*о сосе́де*;复数:*сосе́ди*,*сосе́дей*,*сосе́дям*,*сосе́дей*,*сосе́дями*,*о сосе́дях*	
профе́ссор	[阳性]教授 встреча́ть ста́рого профе́ссора 迎接老教授 Профе́ссор чита́ет ле́кцию в аудито́рии. 教授正在教室上课。	
	[注意]профе́ссор 复数特殊,以-á 结尾,为 профессора́,变复数各格时重音后移	
	[变格]单数:*профе́ссор*,*профе́ссора*,*профе́ссору*,*профе́ссора*,*профе́ссором*,*о профе́ссоре*;复数:*профессора́*,*профессоро́в*,*профессора́м*,*профессоро́в*,*профессора́ми*,*о профессора́х*	

 四、词汇记忆

интере́сный	有趣的	interesting
чи́стый	干净的	clean
ру́сско-кита́йский	俄汉的	Russian-Chinese
свобо́дный	空闲的;自由的	free;easy
высо́кий	高的	high,tall
наро́дный	民间的;人民的	fork;national
филологи́ческий	语文(学)的	philological
друго́й	别的;不同的	other,another;different
изве́стный	著名的	well-known
междунаро́дный	国际的	international
иностра́нный	外国的	foreign
пе́рвый	第一	first
встреча́ть	遇见;迎接	to meet,to meet with;to celebrate
купи́ть	买	to buy
зараба́тывать	挣得(工钱),挣钱	to earn, make money
фотографи́ровать	拍照,摄影	to photograph
рисова́ть	素描,画(素描)画	to draw, paint
переводи́ть	翻译;领过去;调任	to transtale;to take across;to move
посеща́ть	拜访,访问,参观	to attend, visit
танцева́ть	跳舞	to dance
ду́мать	认为,以为	to think

год	年,一年;年代;岁数	year
карандáш	铅笔	pencil
герóй/ героúня	英雄,主人公	hero; character
китáец	中国人	Chinese
мужчúна	男人	man
рисýнок	图画	picture
дежýрный	值日生;值日的	man on duty; on duty
плáтье	衣服;连衣裙	clothes; dress
костю́м	服装;一套衣服	dress, clothes; suit
фотогрáфия	照片	photograph
сосéд	邻居;邻座的人	neighbour
жéнщина	女人	woman
профéссор	教授	professor
декáн	系主任	dean (of university)
рóдственник	亲戚,亲属	relation, relative
блог	博客	blog
искýсство	艺术	art
балéт	芭蕾舞	ballet
курс	年级;课程	year (of a course of studies); course
истóрия	历史;往事;故事	history; story; event
предмéт	(教学)课程	subject
поликлúника	门诊部	clinic
кинофестивáль	电影节	film festival
журналúст	新闻记者	journalist
Волгогрáд	伏尔加格勒	Volgograd
Лóндон	伦敦	London
конéчно	当然	of course, certainly
неплóхо	不错地	nicely, no badly
послезáвтра	后天	the day after tomorrow
немнóго	不多,一点	a little, no much

 五、词汇造句

свобóдный	[形容词]空闲的;自由的
	В свобóдное врéмя дéти игрáют на гитáре. 有空的时候孩子们弹吉他。
встречáть// встрéтить	[未//完成体]遇见;迎接
	На ýлице я встрéтил учúтеля. 我在街上遇见了老师。
	Мы встречáем дя́дю на вокзáле. 我们在火车站接叔叔。

фотографировать// *сфотографировать*	[未//完成体]*кого-что* 拍照；摄影 Мы сфотографировали Красную площадь и Кремль. 我们在红场和克里姆林宫拍了照。
переводить// *перевести*	[未//完成体]*кого-что* 翻译；领过去；调任 Брат хорошо переводит текст. 弟弟把课文翻译得很好。 Отец переводит деньги на почте. 父亲在邮局汇款。 Преподаватель переводит его в другой институт. 老师把他转到另一个学院。
посещать// *посетить*	[未//完成体]*кого-что* 拜访，访问，参观 Мы посетили выставку. 我们参观了展览会。
думать	[未完成体]*что* 或 *о чём* 认为，以为 Я думаю, что Москва — это красивый и интересный город. 我认为，莫斯科是一座美丽又充满情调的城市。

第十二课

一、词汇导读

本课要掌握名词复数第四格的变化。

了解动词未完成体和完成体的意义，如 писáть — написáть，получáть — получи́ть，сдавáть — сдать 等。

二、词汇注释

шестóй	[数词] шестáя，шестóе，шесты́е 第六 шестáя срéдняя шкóла 第六中学
объясня́ть	[未完成体] что 变位：объясня́ю，объясня́ешь，объясня́ет，объясня́ем，объясня́ете，объясня́ют；过去时：объясня́л，объясня́ла，объясня́ло，объясня́ли // **объясни́ть** [完成体] 变位：объясню́，объясни́шь，объясни́т，объясни́м，объясни́те，объясня́т；过去时：объясни́л，объясни́ла，объясни́ло，объясни́ли 讲解，说明 объясня́ть урóк 讲课 объясня́ть нóвые словá 讲解生词
находи́ться	[未完成体] 变位：нахожу́сь，нахóдишься，нахóдится，нахóдимся，нахóдитесь，нахóдятся；过去时：находи́лся，находи́лась，находи́лось，находи́лись 在，位于，处于(某种状态) Педагоги́ческий университéт нахóдится в цéнтре гóрода. 师范大学位于市中心。
туалéт	[阳性] 盥洗室，厕所
	[变格] 单数：туалéт，туалéта，туалéту，туалéт，туалéтом，о туалéте；复数：туалéты，туалéтов，туалéтам，туалéты，туалéтами，о туалéтах
пригласи́ть	[完成体] когó-что 变位：приглашу́，пригласи́шь，пригласи́т，пригласи́м，пригласи́те，приглася́т；过去时：пригласи́л，пригласи́ла，пригласи́ло，пригласи́ли // **приглашáть** [未完成体] 变位：приглашáю，приглашáешь，приглашáет，приглашáем，приглашáете，приглашáют；过去时：приглашáл，приглашáла，приглашáло，приглашáли 邀请；聘请 пригласи́ть друзéй в кинотеáтр 邀请朋友看电影 пригласи́ть сосéдей на концéрт 邀请邻居看音乐会 пригласи́ть извéстного профéссора на доклáд 邀请著名教授做报告
рубáшка	[阴性] 衬衫 купи́ть рубáшку 买衬衫
	[变格] 单数：рубáшка，рубáшки，рубáшке，рубáшку，рубáшкой，о рубáшке；复数：рубáшки，рубáшек，рубáшкам，рубáшки，рубáшками，о рубáшках
студéнческий	[形容词] студéнческая，студéнческое，студéнческие 大学生的 студéнческая

		жизнь 大学生活
стро́ить		[未完成体] что 变位：стро́ю, стро́ишь, стро́ит, стро́им, стро́ите, стро́ят；过去时：стро́ил, стро́ила, стро́ило, стро́или // постро́ить [完成体] 建筑，建造，制造 постро́ить дом 建房子 постро́ить шко́лу 建学校
сдава́ть		[未完成体] что 变位：сдаю́, сдаёшь, сдаёт, сдаём, сдаёте, сдаю́т；过去时：сдава́л, сдава́ла, сдава́ло, сдава́ли // сдать [完成体] 变位：сдам, сдашь, сдаст, сдади́м, сдади́те, сдаду́т；过去时：сдал, сдала́, сда́ло, сда́ли 移交；出租；放弃；考试（及格）сдать тетра́дь 交作业 сдать кварти́ру 出租房屋 сдать го́род 放弃城市 сдать экза́мен 通过考试
экза́мен		[阳性] 考试 сдать экза́мен на хорошо́ 考试得 4 分
		[变格] 单数：экза́мен, экза́мена, экза́мену, экза́мен, экза́меном, об экза́мене；复数：экза́мены, экза́менов, экза́менам, экза́мены, экза́менами, об экза́менах
рома́н		[阳性] 长篇小说 рома́н «Ти́хий Дон» 长篇小说《静静的顿河》
		[变格] 单数：рома́н, рома́на, рома́ну, рома́н, рома́ном, о рома́не；复数：рома́ны, рома́нов, рома́нам, рома́ны, рома́нами, о рома́нах
учи́ть		[未完成体] что 变位：учу́, у́чишь, у́чит, у́чим, у́чите, у́чат；过去时：учи́л, учи́ла, учи́ло, учи́ли // вы́учить [完成体] 变位：вы́учу, вы́учишь, вы́учит, вы́учим, вы́учите, вы́учат；过去时：вы́учил, вы́учила, вы́учило, вы́учили 学，背诵；教 учи́ть текст 背课文 учи́ть но́вые слова́ 背生词 Ма́ма у́чит сы́на чита́ть. 母亲教儿子读书。
статья́		[阴性] 文章 интере́сная статья́ 有趣的文章 переводи́ть статью́ 翻译文章
		[变位] 单数：статья́, статьи́, статье́, статью́, статьёй, о статье́；复数：статьи́, стате́й, статья́м, статьи́, статья́ми, о статья́х
повторя́ть		[未完成体] что 变位：повторя́ю, повторя́ешь, повторя́ет, повторя́ем, повторя́ете, повторя́ют；过去时：повторя́л, повторя́ла, повторя́ло, повторя́ли // повтори́ть [完成体] 变位：повторю́, повтори́шь, повтори́т, повтори́м, повтори́те, повторя́т；过去时：повтори́л, повтори́ла, повтори́ло, повтори́ли 重复；复习 повтори́ть пе́сню 重唱一遍 повтори́ть но́вые слова́ 复习生词 повтори́ть дома́шние зада́ния 复习家庭作业
ти́хий		[形容词] ти́хая, ти́хое, ти́хие（声音）低的；寂静的；平静的 ти́хий ма́льчик 不爱说话的男孩 ти́хая у́лица 静寂的街道 рома́н «Ти́хий Дон» 长篇小说《静静的顿河》
карти́на		[阴性]（彩色）画，图画；景象 рисова́ть карти́ну 画画 писа́ть карти́ну 画画 краси́вая 美丽的景象
		[变格] 单数：карти́на, карти́ны, карти́не, карти́ну, карти́ной, о карти́не；复数：карти́ны, карти́н, карти́нам, карти́ны, карти́нами, о карти́нах
тру́дный		[形容词] тру́дная, тру́дное, тру́дные 难的，困难的 тру́дный вопро́с 难题 тру́дные экза́мены 很难的考试 тру́дная жизнь 艰难的生活
обяза́тельно		[副词] 一定

спектáкль	[阳性]演出 смотрéть спектáкль 看演出 приглаcи́ть товáрища на спектáкль 邀请同学看演出
	[变格]单数: спектáкль, спектáкля, спектáклю, спектáкль, спектáклем, о спектáкле; 复数: спектáкли, спектáклей, спектáклям, спектáкли, спектáклями, о спектáклях
аспирáнт	[阳性]研究生 Аспирáнт сдал экзáмен. 研究生通过了考试。
	[变格]单数: аспирáнт, аспирáнта, аспирáнту, аспирáнта, аспирáнтом, об аспирáнте; 复数: аспирáнты, аспирáнтов, аспирáнтам, аспирáнтов, аспирáнтами, об аспирáнтах
читáльный зал	[形容词]читáльная, читáльное, читáльные 阅读用的 читáльный зал 阅览室
	[阳性]大厅
	[变格]单数: зал, зáла, зáлу, зал, зáлом, о зáле; 复数: зáлы, зáлов, зáлам, зáлы, зáлами, о зáлах
кни́жный	[形容词]кни́жная, кни́жное, кни́жные 书的 кни́жный магази́н 书店 кни́жная пóлка 书架
снимáть	[未完成体]что 变位: снимáю, снимáешь, снимáет, снимáем, снимáете, снимáют; 过去时: снимáл, снимáла, снимáло, снимáли // снять [完成体] сниму́, сни́мешь, сни́мет, сни́мем, сни́мете, сни́мут; 过去时: снял, снялá, сня́ло, сня́ли 拿下; 脱下; 租下车 снять фóто 取下照片 снять шáпку 摘下帽子 снять пальтó 脱下大衣 снять кварти́ру 租房子
фрýкты	[复数]水果 свéжие фрýкты 新鲜的水果 купи́ть фрýкты на ры́нке 在市场买水果
	[变格]复数: фрýкты, фрýктов, фрýктам, фрýкты, фрýктами, о фрýктах
получáть	[未完成体]что 变位: получáю, получáешь, получáет, получáем, получáете, получáют; 过去时: получáл, получáла, получáла, получáли // получи́ть [完成体] 变位: получý, полýчишь, полýчит, полýчим, полýчите, полýчат; 过去时: получи́л, получи́ла, получи́ло, получи́ли 收到; 得到 получи́ть письмó 收到信 получи́ть пóчту 收到邮件 получи́ть дéньги 得到钱
пятёрка	[阴性]数字5; (学校成绩)五分 получи́ть пятёрку на экзáмене 考试得5分
	[变位]单数: пятёрка, пятёрки, пятёрке, пятёрку, пятёркой, о пятёрке
брать	[未完成体]что 变位: берý, берёшь, берёт, берём, берёте, берýт; 过去时: брал, бралá, брáло, брáли // взять [完成体] возьмý, возьмёшь, возьмёт, возьмём, возьмёте, возьмýт; 过去时: взял, взялá, взя́ло, взя́ли 拿; 带着; 买 взять ромáн в библиотéке 在图书馆借小说 взять кни́гу 带着一本书 взять кýрицу на ры́нке 在市场买鸡肉 взять журнáл в кни́жном магази́не 在书店买杂志
кефи́р	[阳性]酸奶 купи́ть кефи́р 买酸奶
	[变格]单数: кефи́р, кефи́ра, кефи́ру, кефи́р, кефи́ром, о кефи́ре
четвёрка	[阴性]数字4; (学校成绩)四分 сдать экзáмен на четвёрку 考试得4分

	[变格]单数：четвёрка, четвёрки, четвёрке, четвёрку, четвёркой, о четвёрке
рыба	[阴性]鱼
	[变格]单数：рыба, рыбы, рыбе, рыбу, рыбой, о рыбе
проверить	[完成体] *что* 变位：проверю, проверишь, проверит, проверим, проверите, проверят；过去时：проверил, проверила, проверило, проверили // **проверять** [未完成体]变位：проверяю, проверяешь, проверяет, проверяем проверяете, проверяют；过去时：проверял, проверяла, проверяло, проверяли 检查；测验 проверять почту 查收邮件 проверять домашние задания 批改家庭作业
выполнить	[完成体] *что* 变位：выполню, выполнишь, выполнит, выполним, выполните, выполнят；过去时：выполнил, выполнила, выполнило, выполнили // **выполнять** [未完成体]变位：выполняю, выполняешь, выполняет, выполняем, выполняете, выполняют；过去时：выполнял, выполняла, выполняло, выполняли 完成，执行 выполнить работу 完成工作 выполнить задание 执行任务
доклад	[阳性]报告 слушать доклад 听报告
	[变格]单数：доклад, доклада, докладу, доклад, докладом, о докладе；复数：доклады, докладов, докладам, доклады, докладами, о докладах
трудно	[副词]困难地，吃，很难 трудно жить 艰难地生活
попробовать	[完成体] *что* 变位：попробую, попробуешь, попробует, попробуем, попробуете, попробуют；过去时：попробовал, попробовала, попробовало, попробовали // **пробовать** [未完成体]试验；品尝；试图，尝试 пробовать телевизор 测试电视 пробовать салат 品尝沙拉 пробовать торт 品尝蛋糕 пробовать читать на русском языке 尝试读俄文版书 пробовать читать Пушкина 尝试读普希金的作品
решить	[完成体] *что* 变位：решу, решишь, решит, решим, решите, решат；过去时：решил, решила, решило, решили // **решать** [未完成体]变位：решаю, решаешь, решает, решаем, решаете, решают；过去时：решал, решала, решало, решали 决定；解答，解决 решить изучать английский язык 决定学英语 решить вопрос 解决问题 решить упражнения 解习题
рядом	[副词]旁边，并列着；在一起 сидеть рядом 坐在旁边
всегда	[副词]永远；总是 Мы всегда встаём рано. 我们总是起得很早。
серьёзно	[副词]严肃地，认真地 серьёзно учиться 认真学习 серьёзно решить вопрос 认真解决问题
можно	[用作谓语]可以 можно взять книгу на дом 可以把书借回家
старшекурсник	[阳性](大学的)高年级学生
	[变格]单数：старшекурсник, старшекурсника, старшекурснику, старшекурсника, старшекурсником, о старшекурснике；复数：старшекурсники, старшекурсников, старшекурсникам, старшекурсников, старшекурсниками, о старшекурсниках

совреме́нный	[形容词] совреме́нная, совреме́нное, совреме́нные 现代的 совреме́нный го́род 现代化的城市 совреме́нная библиоте́ка 现代化图书馆
хотя́	[连接词]虽然 Хотя́ он у́чится на пе́рвом ку́рсе, он уже́ хорошо́ говори́т по-ру́сски. 尽管才一年级,他俄语已经说得很好了。

三、词汇重点

эта́ж	[阳性](楼)层 Институ́т ру́сского языка́ нахо́дится на пе́рвом этаже́. 俄语学院在一楼。На́ша кварти́ра нахо́дится на шесто́м этаже́. 我们家在六楼。 [注意] эта́ж 变格时重音后移 [变格]单数: эта́ж, этажа́, этажу́, эта́ж, этажо́м, об этаже́; 复数: этажи́, этаже́й, этажа́м, этажи́, этажа́ми, об этажа́х
ве́чер	[阳性]晚上;晚会 ти́хий ве́чер 静寂的夜晚 ве́чер ру́сского языка́ 俄语晚会 [注意] ве́чер 的复数以-á结尾,为вечера́,复数各格重音后移 [变格]单数: ве́чер, ве́чера, ве́черу, ве́чер, ве́чером, о ве́чере; 复数: вечера́, вечеро́в, вечера́м, вечера́, вечера́ми, о вечера́х
пойти́	[完成体]变位: пойду́, пойдёшь, пойдёт, пойдём, пойдёте, пойду́т; 过去时: пошёл, пошла́, пошло́, пошли́ 去,开始走,走起来 пойти́ в шко́лу 去上学 [注意] пойти́ 的过去时形式特殊
колле́га	[阳性或阴性]同事,同行 мой колле́га Анто́н 我的同事安东 моя́ колле́га А́нна 我的同事安娜 [注意] колле́га 既可以是阳性,也可以是阴性,但变格按以-a 结尾的阴性名词变化 [变格]单数: колле́га, колле́ги, колле́ге, колле́гу, колле́гой, о колле́ге; 复数: колле́ги, колле́г, колле́гам, колле́г, колле́гами, о колле́гах
ку́рица	[阴性]鸡,母鸡 купи́ть ку́рицу 买鸡肉 [注意] ку́рица 复数特殊,为ку́ры [变格]单数: ку́рица, ку́рицы, ку́рице, ку́рицу, ку́рицей, о ку́рице; 复数: ку́ры, кур, ку́рам, кур, ку́рами, о ку́рах
мочь	[未完成体]变位: могу́, мо́жешь, мо́жет, мо́жем, мо́жете, мо́гут; 过去时: мог, могла́, могло́, могли́ // смочь [完成体]能,能够,可能 смочь реши́ть тру́дный вопро́с 能解决问题 смочь отвеча́ть на вопро́сы преподава́теля 能回答老师的问题 [注意] мочь 的变位和过去时特殊
стена́	[阴性]墙,墙壁;围墙 чи́стая стена́ 洁净的墙壁 Вели́кая Кита́йская стена́ 长城 [注意] стена́ 单数第四格和复数第一格重音前移 [变格]单数: стена́, стены́, стене́, сте́ну, стено́й, о стене́; 复数: сте́ны, стен, стена́м, сте́ны, стена́ми, о стена́х

四、词汇记忆

объяснять//объяснить	讲解,说明	to explain
находиться	在,位于,处于(某种状态)	to be (situated)
приглашать//пригласить	邀请;聘请	to invite, ask
строить//построить	建筑,建造,制造	to make, build
сдавать//сдать	移交;出租;放弃;考试(及格)	to hand over, pass; to let, let out, hire out; to give up; to pass (an examination)
пойти	去,开始走,走起来	to begin to walk
учить//выучить	学,背诵;教	to learn, memorize; to teach
повторять//повторить	重复;复习	to repeat; to revise
снимать//снять	拿下;脱下;租下来	to take off; to take down; to take, rent (a house)
получать//получить	收到;得到	to get, receive; to obtain
брать//взять	拿;带着;买	to take; to get, obtain; to buy
проверять//проверить	检查;测验	to check, to verify; to test
выполнять//выполнить	完成,执行	to carry out; to fulfil
пробовать//попробовать	试验;品尝;试图,尝试	to try (to), attempt (to); to test
решать//решить	决定;解答,解决	to decide; to solve, settle
мочь//смочь	能,能够,可能	to be able
туалет	盥洗室,厕所	toilet, restroom
этаж	(楼)层	storey, floor
вечер	晚上;晚会	evening; evening party
рубашка	衬衫	shirt
экзамен	考试	exam, examination
роман	长篇小说	novel
статья	文章	article
картина	(彩色)画,图画;景象	picture
спектакль	演出	performance, show
коллега	同事,同行	colleague
аспирант	研究生	post-graduate student
зал	大厅	hall
фрукты	水果	fruits
пятёрка	数字5;(学校成绩)五分	five; 'A'

кефи́р	酸奶	kefir
четвёрка	数字4；(学校成绩)四分	four; good (as school mark)
ку́рица	鸡，母鸡	hen
ры́ба	鱼	fish
докла́д	报告	report
старшеку́рсник	(大学的)高年级学生	senior student
стена́	墙，墙壁；围墙	wall
шесто́й	第六	sixth
студе́нческий	大学生的	student
ти́хий	(声音)低的；寂静的；平静的	quiet
тру́дный	难的，困难的	difficult, hard
чита́льный	阅读用的	reading
кни́жный	书的	book
совреме́нный	现代的	contemporary, modern
обяза́тельно	一定	without fail, definitely
тру́дно	困难地；吃力，很难	difficultly; it is hard, difficult
мо́жно	可以	can be
ря́дом	旁边，并列着；在一起	alongside, side by side; near
всегда́	永远；总是	always
серьёзно	严肃地，认真地	seriously
хотя́	虽然	though, although

 五、词汇造句

находи́ться	[未完成体] 在，位于，处在(某种状态)
	Городска́я библиоте́ка нахо́дится в це́нтре го́рода. 市图位于市中心。
приглаша́ть // пригласи́ть	[未//完成体] кого́-что 邀请；聘请
	Студе́нты пригласи́ли изве́стного профе́ссора на докла́д. 大学生聘请著名教授做报告。
	Я пригласи́л дру́га на спекта́кль. 我邀请朋友看演出。
сдава́ть // сдать	[未//完成体] что 移交；出租；放弃；考试(及格)
	Ученики́ сда́ли тетра́дь. 学生们交了作业。
	Роди́тели сда́ли кварти́ру. 父母把房子租出去了。
	Мы все сда́ли экза́мен на пятёрку. 我们考试都得了5分。
учи́ть // вы́учить	[未//完成体] что 学，背诵；教
	Ка́ждый день мы у́чим но́вые слова́. 我们每天都背生词。
	Мать у́чит дочь петь. 母亲教女儿唱歌。
повторя́ть // повтори́ть	[未//完成体] что 重复；复习
	Ребя́та повтори́ли пе́сню. 孩子们又唱了一遍。

	Ребя́та повтори́ли текст до́ма. 孩子们在家复习完了课文。
хотя́	[连接词] 虽然
	Хотя́ он молодо́й, он хорошо́ перево́дит статьи́. 尽管很年轻，他文章却翻译得很好。
снима́ть// снять	[未//完成体] *что* 拿下；脱下；租下来
	Сын снял карти́ну со стены́. 儿子把画从墙上取下来。
	Друг снял ша́пку в ко́мнате. 朋友在房间里摘下了帽子。
	Мать сняла́ пальто́. 母亲脱下了大衣。
	Мы сня́ли кварти́ру в це́нтре го́рода. 我们在市中心租了一套房子。
поулча́ть// получи́ть	[未//完成体] *что* 收到；得到
	Я получи́л письмо́. 我收到一封信。
	На экза́мене я получи́л пятёрку. 我考试得了 5 分。
брать// взять	[未//完成体] *что* 拿；带着；买
	Я беру́ кни́гу. 我带着一本书。
	Я взял рома́н «Ти́хий Дон» в библиоте́ке. 我在图书馆借了长篇小说《静静的顿河》。
	Я взял га́лстук в магази́не. 我在商店买了一条领带。
проверя́ть// прове́рить	[未//完成体] *что* 检查；测验
	Ка́ждый день я проверя́ю по́чту. 我每天查看邮件。
	Учи́тель проверя́ет дома́шние зада́ния. 老师在批改家庭作业。
выполня́ть// вы́пол-нить	[未//完成体] *что* 完成，执行
	Мы вы́полнили зада́ние. 我们完成了任务。
про́бовать// попро́бо-вать	[未//完成体] *что* 试验；品尝；试图
	Учени́к попро́бовал ру́чку. 学生试了试钢笔。
	Го́сти попро́бовали сала́т. 客人们品尝了沙拉。
	Я попро́бую отве́тить на э́тот вопро́с. 我来试着回答这个问题。
реша́ть// реши́ть	[未//完成体] *что* 决定；解答，解决
	Я реши́л рабо́тать на по́чте. 我决定在邮局工作。
	Мы реши́ли вопро́с. 我们解决了问题。

第十三课

一、词汇导读

本课开始学习第二格,注意第二格的变化和使用,有些名词单数第二格特殊,需记住:мать — ма́тери, дочь — до́чери, вре́мя — вре́мени, и́мя — и́мени 等。

二、词汇注释

счастли́вый	[形容词] счастли́вая, счастли́вое, счастли́вые 幸福,幸运的 счастли́вый день 幸福的日子 счастли́вая семья́ 幸福的家庭
пра́здник	[阳性] 节日;假日;纪念日 пра́здник Весны́ (中国)春节 Пра́здник Весны́ и Труда́ (俄罗斯)劳动节
	[变格] 单数: пра́здник, пра́здника, пра́зднику, пра́здник, пра́здником, о пра́зднике; 复数: пра́здники, пра́здников, пра́здникам, пра́здники, пра́здниками, о пра́здниках
пра́здничный	[形容词] пра́здничная, пра́здничное, пра́здничные 节日的,假日的 пра́здничный ве́чер 节日派对 пра́здничный стол 节日宴会
ю́ноша	[阳性] 少年
	[变格] 单数: ю́ноша, ю́ноши, ю́ноше, ю́ношу, ю́ношей, о ю́ноше; 复数: ю́ноши, ю́ношей, ю́ношам, ю́ношей, ю́ношами, о ю́ношах
моби́льник	[阳性] 手机
	[变格] 单数: моби́льник, моби́льника, моби́льнику, моби́льник, моби́льником, о моби́льнике; 复数: моби́льники, моби́льников, моби́льникам, моби́льники, моби́льниками, о моби́льниках
из	[前置词] 自,从,从……里(往外)
с	[前置词] (接五格)和; (接二格)从
отку́да	[副词] 从哪里
прие́хать	[完成体] 变位: прие́ду, прие́дешь, прие́дет, прие́дем, прие́дете, прие́дут; 过去时: прие́хал, прие́хала, прие́хало, прие́хали // **приезжа́ть** [未完成体] 变位: приезжа́ю, приезжа́ешь, приезжа́ет, приезжа́ем, приезжа́ете, приезжа́ют; 过去时: приезжа́л, приезжа́ла, приезжа́ло, приезжа́ли (乘车、马、船)来到 прие́хать с заво́да 从工厂来 прие́хать с по́чты 从邮局回来 прие́хать из шко́лы 从学校回来
прови́нция	[阴性] 省 прови́нция Хэйлунцзя́н 黑龙江省 прови́нция Ляони́н 辽宁省
	[变格] 单数: прови́нция, прови́нции, прови́нции, прови́нцию, прови́нцией, о

	провинции；复数：*провинции*，*провинций*，*провинциям*，*провинции*，*провинциями*，*о провинциях*
карта	［阴性］地图；纸牌，扑克牌 *карта Китая* 中国地图 *карта России* 俄罗斯地图 *играть в карты* 打扑克
	［变格］单数：*карта*，*карты*，*карте*，*карту*，*картой*，*о карте*；复数：*карты*，*карт*，*картам*，*карты*，*картами*，*о картах*
висеть	［未完成体］变位：*вишу*，*висишь*，*висит*，*висим*，*висите*，*висят*；过去时：*висел*，*висела*，*висело*，*висели* 悬挂 *На стене висит карта Китая.* 墙上挂着中国地图。
экономический	［形容词］*экономическая*，*экономическое*，*экономические* 经济的 *экономический факультет* 经济系
Интернет-кафе	［中性］网吧 *посещать Интернет-кафе* 去网吧
билет	［阳性］票，证 *билет на поезд* 火车票 *билет на спектакль* 演出票 *билет в кино* 电影票 *студенческий билет* 学生证
	［变格］单数：*билет*，*билета*，*билету*，*билет*，*билетом*，*о билете*；复数：*билеты*，*билетов*，*билетам*，*билеты*，*билетами*，*о билетах*
который	［代词］*которая*，*которое*，*которые* 第几；（连接定语从句）那个 *который час* 几点钟 *которое место* 第几名
далеко	［副词］远 *жить далеко от центра* 住得远离市中心
бассейн	［阳性］游泳池
	［变格］单数：*бассейн*，*бассейна*，*бассейну*，*бассейн*，*бассейном*，*о бассейне*；复数：*бассейны*，*бассейнов*，*бассейнам*，*бассейны*，*бассейнами*，*о бассейнах*
спортзал	［阳性］体育馆
	［变格］单数：*спортзал*，*спортзала*，*спортзалу*，*спортазал*，*спортзалом*，*о спортзале*；复数：*спортзалы*，*спортзалов*，*спортзалам*，*спортзалы*，*спортзалами*，*о спортзалах*
кажется	［插入语］似乎，好像
вернуться	［完成体］变位：*вернусь*，*вернёшься*，*вернётся*，*вернёмся*，*вернётесь*，*вернутся*；过去时：*вернулся*，*вернулась*，*вернулось*，*вернулись* 回来，回到 *вернуться в Китай* 回中国 *вернуться в родной город* 回故乡
помнить	［未完成体］*кого-что* 或 *о ком-чём* 变位：*помню*，*помнишь*，*помнит*，*помним*，*помните*，*помнят*；过去时：*помнил*，*помнила*，*помнило*，*помнили* 记得，记住 *помнить новые слова* 记住生词 *помнить фамилию гостя* 记住客人姓氏 *помнить о детстве* 记得童年
фамилия	［阴性］姓 *фамилия и имя* 姓名
	［变格］单数：*фамилия*，*фамилии*，*фамилии*，*фамилию*，*фамилией*，*о фамилии*；复数：*фамилии*，*фамилий*，*фамилиям*，*фамилии*，*фамилиями*，*о фамилиях*
артист	［阳性］演员 *артист балета* 芭蕾舞演员
	［变格］单数：*артист*，*артиста*，*артисту*，*артиста*，*артистом*，*об артисте*；

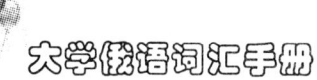

复数：артисты, артистов, артистам, артистов, артистами, об артистах

спросить	[完成体] кого-что 变位：спрошу, спросишь, спросит, спросим, спросите, спросят；过去时：спросил, спросила, спросило, спросили // **спрашивать**[未完成体] 变位：спрашиваю, спрашиваешь, спрашивает, спрашиваем, спрашиваете, спрашивают；过去时：спрашивал, спрашивала, спрашивало, спрашивали 问, 打听 спросить преподавателя 问老师 спросить телефон друга 问朋友的电话 спросить ученика на уроке 在课堂上提问学生 спросить фамилию и имя у соседа 问邻居的姓名
температура	[阴性]体温；高温 высокая температура 高温；发烧
	[变格]单数：температура, температуры, температуре, температуру, температурой, о температуре
болеть	[未完成体] 变位：болит, болят（第一、二人称不用）疼 Рука болит. 手疼。Ноги болят. 腿疼。
ничего	[用作谓语]不要紧, 没有关系；还好
экскурсия	[阴性]游览, 参观 поехать на экскурсию 去旅游
	[变格]单数：экскурсия, экскурсии, экскурсии, экскурсию, экскурсией, об экскурсии
слышать	[未完成体] кого-что 变位：слышу, слышишь, слышит, слышим, слышите, слышат；过去时：слышал, слышала, слышало, слышали // **услышать**[完成体]听说；听见
фотоаппарат	[阳性]照相机, 摄影机
	[变格]单数：фотоаппарат, фотоаппарата, фотоаппарату, фотоаппарат, фотоаппаратом, о фотоаппарате；复数：фотоаппараты, фотоаппаратов, фотоаппаратам, фотоаппараты, фотоаппаратами, о фотоаппаратах
аппарат	[阳性]仪器
	[变格]单数：аппарат, аппарата, аппарату, аппарат, аппаратом, об аппарате；复数：аппараты, аппаратов, аппаратам, аппараты, аппаратами, об аппаратах
цифровой	[形容词]цифровая, цифровое, цифровые 数码的, 数字的 цифровой фотоаппарат 数码相机
познакомиться	[完成体]变位：познакомлюсь, познакомишься, познакомится, познакомимся, познакомитесь, познакомятся；过去时：познакомился, познакомилась, познакомилось, познакомились // **знакомиться**[未完成体]相识, 结识；了解, 熟悉 познакомиться в университете 在大学相识 познакомиться в фирме 在公司相识
экономист	[阳性]经济学家 молодой экономист 年轻的经济学家
	[变格]单数：экономист, экономиста, экономисту, экономиста, экономистом, об экономисте；复数：экономисты, экономистов, экономистам,

	экономи́стов, экономи́стами, об экономи́стах
репорта́ж	[阳性]报道
	[变格]单数：репорта́ж, репорта́жа, репорта́жу, репорта́ж, репорта́жем, о репорта́же；复数：репорта́жи, репорта́жей, репорта́жам, репорта́жи, репорта́жами, о репорта́жах
гео́лог	[阳性]地质学家
	[变格]单数：гео́лог, гео́лога, гео́логу, гео́лога, гео́логом, о гео́логе；复数：гео́логи, гео́логов, гео́логам, гео́логов, гео́логами, о гео́логах
преподава́ть	[未完成体] что 变位：преподаю́, преподаёшь, преподаёт, преподаём, преподаёте, преподаю́т；过去时：преподава́л, преподава́ла, преподава́ло, преподава́ли 教(学)；执教 преподава́ть матема́тику 教数学 преподава́ть родно́й язы́к 教语文 преподава́ть литерату́ру 教文学 преподава́ть в университе́те 在大学任教
геоло́гия	[阴性]地质学
	[变格]单数：геоло́гия, геоло́гии, геоло́гии, геоло́гию, геоло́гией, о геоло́гии
геологи́ческий	[形容词] геологи́ческая, геологи́ческое, геологи́ческие 地质学的 геологи́ческий факульте́т 地质学系
замеча́тельный	[形容词] замеча́тельная, замеча́тельное, замеча́тельные 特别好的, 卓越的 замеча́тельный гео́лог 杰出的地质学家
пенсионе́рка	[阴性]退休者
	[变位]单数：пенсионе́рка, пенсионе́рки, пенсионе́рке, пенсионе́рку, пенсионе́ркой, о пенсионе́рке；复数：пенсионе́рки, пенсионе́рок, пенсионе́ркам, пенсионе́рок, пенсионе́рками, о пенсионе́рках
музыка́льный	[形容词] музыка́льная, музыка́льное, музыка́льные 音乐的 музыка́льный конце́рт 音乐会 музыка́льная шко́ла 音乐学校
потому́ что	[连接词]因为
дру́жный	[形容词] дру́жная, дру́жное, дру́жные 友好的, 和睦的 дру́жная семья́ 和睦的家庭
по-мо́ему	[插入语]据我看来, 我认为
понима́ть	[未完成体] кого́-что 变位：понима́ю, понима́ешь, понима́ет, понима́ем, понима́ете, понима́ют；过去时：понима́л, понима́ла, понима́ло, понима́ли // поня́ть [完成体] 变位：пойму́, поймёшь, поймёт, поймём, поймёте, пойму́т；过去时：по́нял, поняла́, по́няло, по́няли 明白, 理解 поня́ть текст 理解课文 поня́ть отца́ 理解父亲
друг дру́га	[词组]互相 Мы понима́ем друг дру́га. 我们相互理解。
	[变格] друг дру́га, друг дру́гу, друг дру́га, друг дру́гом, друг о дру́ге
удо́бный	[形容词] удо́бная, удо́бное, удо́бные 方便的 удо́бная столо́вая 方便的餐厅 удо́бный дом 舒适的家
похо́жий	[形容词] похо́жая, похо́жее, похо́жие 与……相像的, 像……的 похо́жий на отца́ 像父亲的 похо́жие друг на дру́га бра́тья 长得很像的兄弟

| *по-своему* | [插入语]按自己的方式 жить по-своему 按自己的方式生活 |

三、词汇重点

дочь	[阴性]女儿
	[注意]дочь 单复数各格特殊
	[变格]单数：*дочь, до́чери, до́чери, дочь, до́черью, о до́чери*；复数：*до́чери, дочере́й, дочеря́м, дочере́й, дочерьми́（дочеря́ми）, о дочеря́х*
дире́ктор	[阳性]厂长，经理，院长 дире́ктор заво́да 厂长 дире́ктор сре́дней шко́лы 中学校长 дире́ктор институ́та ру́сского языка́ 俄语学院院长 дире́ктор торго́вой фи́рмы 贸易公司经理
	[注意]дире́ктор 复数以-á 结尾，为 директора́，复数各格重音后移
	[变格]单数：*дире́ктор, дире́ктора, дире́ктору, дире́ктора, дире́ктором, о дире́кторе*；复数：*директора́, директоро́в, директора́м, директоро́в, директора́ми, о директора́х*
голова́	[阴性]头 Голова́ боли́т 头疼。
	[注意]голова́ 单数第四格和复数第一格重音前移
	[变格]单数：*голова́, головы́, голове́, го́лову, голово́й, о голове́*；复数：*го́ловы, голо́в, голова́м, го́ловы, голова́ми, о голова́х*

 四、词汇记忆

кото́рый	第几；(连接定语从句)那个	which；who（what）
счастли́вый	幸福的,幸运的	happy, lucky
пра́здничный	节日的,假日的	holiday, festival
экономи́ческий	经济的	economic
цифрово́й	数码的,数字的	numberical, digital
геологи́ческий	地质学的	geological
замеча́тельный	特别好的,卓越的	remarkable, wonderful
музыка́льный	音乐的	musical
дру́жный	友好的,和睦的	amicable, harmonious
удо́бный	方便的	convenient, suitable, opportune
похо́жий	与……相像的,像……的	like, similar, alike
пра́здник	节日；假日；纪念日	holiday
ю́ноша	少年	youth（person）
моби́льник	手机	mobile phone
дочь	女儿	daughter
дире́ктор	厂长,经理,院长	director, manager
прови́нция	省	province
ка́рта	地图；纸牌,扑克牌	map；(playing-) card

Русский	中文	English
Интернéт-кафé	网吧	Internet bar
Амéрика	美国	U. S. A.
МГУ	国立莫斯科大学	Moscow State Univesity
билéт	票；证	ticket；card
бассéйн	游泳池	swimming pull
спортзáл	体育馆	sports hall
фамúлия	姓	surname
артúст	演员	artist
температýра	体温；气温	temperament
головá	头	head
экскýрсия	游览，参观	excursion, tour, trip
фотоаппарáт	照相机，摄影机	camera
аппарáт	仪器	apparatus, appliance
экономúст	经济学家	economist
репортáж	报道	report
геóлог	地质学家	geologist
геолóгия	地质学	geology
пенсионéрка	退休者	pensioner
Нóвый год	新年	New Year
прáздник Весны́	春节	The Spring Festival
Срéдняя Áзия	中亚	Central Asia
приезжáть//приéхать	(乘车、马、船)来到	to arrive, come (not on foot)
висéть	悬挂	to hang
вернýться	回来,回到	to return
пóмнить	记得,记住	to remember
спрáшивать//спросúть	问,打听	to ask (about), inquire (about)
болéть	疼,痛	to ache, hurt
слы́шать//услы́шать	听说；听见	to hear
знакóмиться//познакóмиться	相识,结识；了解,熟悉	to make the acquaintenace (of a person); to become acquainted (with), familiarize, to study
преподавáть	教(学)；执教	to teach
понимáть//понять	明白,理解	to understand
из	自,从；从……里(往外)	from
с	(接五格)和；(接二格)从	with；from
кáжется	似乎,好像	Ii seems, seemed (to me)
по-мóему	据我看来,我认为	in my opinion
по-свóему	按自己的方式	on his own
откýда	从哪里	where, from which
далекó	远	far from, far away

потому́ что	因为	beause, as
друг дру́га	互相	each other
ничего́	不要紧, 没有关系; 还好	not (too) badlly; all right

 五、词汇造句

приезжа́ть//прие́хать	[未//完成体](乘车、马、船)来到
	Пенсионе́р прие́хал на юг отдыха́ть. 退休老者来到南方休养。
	Ве́чером оте́ц прие́хал с рабо́ты. 晚上父亲才下班回来。
висе́ть	[未完成体]悬挂
	На стене́ виси́т ка́рта Кита́я. 墙上挂着中国地图。
по́мнить	[未完成体]*кого́-что* 或 *чём* 记得, 记住
	Я по́мню но́вые слова́. 我记住了生词。
	Я по́мню о дру́ге. 我还记得朋友。
спра́шивать//спроси́ть	[未//完成体]*кого́-что* 问, 打听
	Учи́тель спра́шивает ученико́в на уро́ке. 老师在课堂上提问学生.
	Я спроси́л фами́лию и и́мя у сосе́да. 我向邻居打听他的姓名。
	Я спроси́л его́, куда́ он идёт. 我问他去哪儿。
понима́ть//поня́ть	[未//完成体]*кого́-что* 明白, 理解
	Мы по́няли текст. 我们都理解了课文。
	Студе́нты понима́ют преподава́теля. 学生们理解老师。
преподава́ть	[未完成体]*что* 教(学); 执教
	Мой оте́ц преподаёт геоло́гию на геологи́ческом факульте́те. 我父亲在地质系讲授地质学。
ка́жется	[插入语]似乎, 好像
	Ка́жется, сего́дня понеде́льник. 今天好像是星期一。
потому́ что	[连接词]因为
	Я хорошо́ зна́ю жену́ Андре́я, потому́ что э́то моя́ ста́ршая сестра́. 我很了解安德烈的妻子, 因为她是我姐姐。
по-мо́ему	[插入语]据我看来, 我认为
	По-мо́ему, семья́ Андре́я о́чень счастли́вая. 我觉得, 安德烈一家很幸福。
друг дру́га	[词组]互相
	В на́шей семье́ все лю́бят друг дру́га, понима́ют друг дру́га. 在我们家互敬互爱。
похо́жий	[形容词]*на кого́-что* 与……相像, 像
	Все счастли́вые се́мьи похо́жи друг на дру́га, ка́ждая несчастли́вая семья́ несча́стлива по-сво́ему. 幸福的家庭都是相似的, 不幸的家庭各有各的不幸。

第十四课

一、词汇导读

本课学习数词,注意数词与第二格名词连用。

少数名词的复数第二格形式特殊,需记住:стул — сту́льев, вре́мя — времён, и́мя — имён, яйцо́ — яи́ц, неде́ля — неде́ль, дере́вня — дереве́нь, де́ньги — де́нег 等。

二、词汇注释

два́дцать	[数词]二十
три́дцать	[数词]三十
оди́ннадцать	[数词]十一
двена́дцать	[数词]十二
трина́дцать	[数词]十三
четы́рнадцать	[数词]十四
пятна́дцать	[数词]十五
шестна́дцать	[数词]十六
семна́дцать	[数词]十七
восемна́дцать	[数词]十八
девятна́дцать	[数词]十九
неде́ля	[阴性]星期,周 В неде́ле семь дней. 一周有 7 天。
	[变格]单数:*неде́ля, неде́ли, неде́ле, неде́лю, неде́лей, о неде́ле*;复数:*неде́ли, неде́ль, неде́лям, неде́ли, неде́лями, о неде́лях*
два/две	[数词]二 два студе́нта 两个(男)大学生 две студе́нтки 两个女大学生
три	[数词]三
семь	[数词]七
ма́ло	[数词]少,不多
нема́ло	[数词]不少
не́сколько	[数词]几个,一些
бо́льше всего́	[词组]最
компози́тор	[阳性]作曲家 ру́сский компози́тор 俄罗斯作曲家
	[变格]单数:*компози́тор, компози́тора, компози́тору, компози́тора, компози́тором, о компози́торе*;复数:*компози́торы, компози́торов, компози́торам, компози́торов, компози́торами, о компози́торах*

принима́ть	[未完成体]кого́-что́ 变位：принима́ю, принима́ешь, принима́ет, принима́ем, принима́ете, принима́ют；过去时：принима́л, принима́ла, принима́ло, принима́ли//**приня́ть**[完成体]变位：приму́, при́мешь, при́мет, при́мем, при́мете, при́мут；过去时：при́нял, приняла́, при́няло, при́няли 录取；接受 приня́ть его́ в университе́т 录取他上大学 приня́ть студе́нтов-иностра́нцев 接收留学生 приня́ть пода́рок 接受礼物
ра́зный	[形容词]ра́зная, ра́зное, ра́зные 不同的 ра́зные стра́ны 不同的国家
юриди́ческий	[形容词]юриди́ческая, юриди́ческое, юриди́ческие 法律(上)的 юриди́ческий факульте́т 法律系
дорого́й	[形容词]дорога́я, дорого́е, дороги́е 贵重的；宝贵的；亲爱的 дорога́я кни́га 很贵的书 дорого́е вре́мя 宝贵的时间 дороги́е роди́тели 亲爱的爸爸妈妈
за	[前置词]由于，因为；到……后面，在……后面
ре́дко	[副词]稀少地，很少地 ре́дко писа́ть письмо́ 很少写信
наве́рное	[插入语]大概
забы́ть	[完成体]кого́-что́ 变位：забу́ду, забу́дешь, забу́дет, забу́дем, забу́дете, забу́дут；过去时：забы́л, забы́ла, забы́ло, забы́ли//**забыва́ть**[未完成体]变位：забыва́ю, забыва́ешь, забыва́ет, забыва́ем, забыва́ете, забыва́ют；过去时：забыва́л, забыва́ла, забыва́ло, забыва́ли 忘记；忽略 забы́ть друзе́й 忘记朋友 забы́ть написа́ть сочине́ние 忘记写作文
за́нятый	[形容词]за́нятая, за́нятое, за́нятые 忙，有空，没空 Я о́чень за́нят. 我很忙。
проси́ть	[未完成体]кого́-что́ 变位：прошу́, про́сишь, про́сит, про́сим, про́сите, про́сят；过去时：проси́л, проси́ла, проси́ло, проси́ли//**попроси́ть**[完成体] 请求 попроси́ть кварти́ру 要住房 попроси́ть зада́ние 请求任务 попроси́ть его́ прие́хать 请他来
удово́льствие	[中性]愉快，高兴 с удово́льствием 高兴地
	[变格]单数：удово́льствие, удово́льствия, удово́льствию, удово́льствие, удово́льствием, об удово́льствии
ко́ротко	[副词]简短地 рассказа́ть ко́ротко 简短地讲述
ты́сяча	[阴性]一千 ты́сяча рубле́й 一千卢布
	[变格]单数：ты́сяча, ты́сячи, ты́сяче, ты́сячу, ты́сячей (ты́сячью), о ты́сяче；复数：ты́сячи, ты́сяч, ты́сячам, ты́сячи, ты́сячами, о ты́сячах
о́пытный	[形容词]о́пытная, о́пытное, о́пытные 有经验的 о́пытный врач 有经验的医生
со́рок	[数词]四十
япо́нский	[形容词]япо́нская, япо́нское, япо́нские 日本的 япо́нский язы́к 日语
клуб	[阳性]俱乐部，活动中心
	[变格]单数：клуб, клу́ба, клу́бу, клуб, клу́бом, о клу́бе；复数：клу́бы, клу́бов, клу́бам, клу́бы, клу́бами, о клу́бах
уче́бный	[形容词]уче́бная, уче́бное, уче́бные 教学的 уче́бная рабо́та 教学工作
лекцио́нный	[形容词]лекцио́нная, лекцио́нное, лекцио́нные 讲演的 лекцио́нный зал 讲演厅, 阶梯教室

кабинет	[阳性]办公室,书房;研究室 кабинет учителей 老师的办公室 кабинет отца 父亲的书房
	[变格]单数:кабинет, кабинета, кабинету, кабинет, кабинетом, о кабинете;复数:кабинеты, кабинетов, кабинетам, кабинеты, кабинетами, о кобинетах
портрет	[阳性]肖像 портрет известного композитора 著名作曲家的肖像画
	[变格]单数:портрет, портрета, портрету, портрет, портретом, о портрете;复数:портреты, портретов, портретам, портреты, портретами, о потретах
ответ	[阳性]回答,答复,回信 ответ ученика 学生的回答 ответ на письмо 回信
	[变格]单数:ответ, ответа, ответу, ответ, ответом, об ответе
русист	[阳性]俄罗斯语文学家,从事俄语的人
	[变格]单数:русист, русиста, русисту, русиста, русистом, о русисте;复数:русисты, русистов, русистам, русистов, русистами, о русистах
милый	[形容词]милая, милое, милые 可爱的,亲爱的 милая бабушка 亲爱的奶奶
любимый	[形容词]любимая, любимое, любимые 最受爱戴的,敬爱的 любимые учителя 敬爱的老师

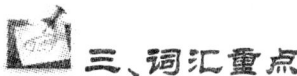 三、词汇重点

страна	[阴性]国家
	[注意]страна 复数各格重音前移
	[变格]单数:страна, страны, стране, страну, страной, о стране;复数:страны, стран, странам, страны, странами, о странах
раз	[阳性]次,回
	[注意]раз 复数第二格特殊,仍为 раз,复数各格重音后移
	[变格]单数:раз, раза(разу), разу, раз, разом, о разе;复数:разы, раз, разам, разы, разами, о разах
подарок	[阳性]礼物 получить подарок 收到礼物
	[注意]подарок 变格时-о-脱落
	[变格]单数:подарок, подарка, подарку, подарок, подарком, о подарке;复数:подарки, подарков, подаркам, подарки, подарками, о подарках
иностранец	[阳性]外国人 студент-иностранец 留学生
	[注意]иностранец 变格时-е-脱落
	[变格]单数:иностранец, иностранца, иностранцу, иностранца, иностранцем, об иностранце;复数:иностранцы, иностранцев, иностранцам, иностранцев, иностранцами, об иностранцах
городок	[阳性]小城市;镇 маленький городок 小城
	[注意]городок 变格时-о-脱落,重音后移
	[变格]单数:городок, городка, городку, городок, городком, о городке;复数:горо-

		дки́, городко́в, городка́м, городки́, городка́ми, о городка́х	
ко́рпус		[阳性]（一大片楼房中的）一所楼房 уче́бный ко́рпус 教学楼	
		[注意]ко́рпус 复数特殊，以-а́结尾，为 корпуса́，复数各格重音后移	
		[变格]单数：ко́рпус, ко́рпуса, ко́рпусу, ко́рпус, ко́рпусом, о ко́рпусе；复数：корпуса́, корпусо́в, корпуса́м, корпуса́, корпуса́ми, о корпуса́х	
порт		[阳性]港，港口	
		[注意]порт 的单数第六格为 в порту́	
		[变格]单数：порт, по́рта, по́рту, порт, по́ртом, о по́рте（в порту́）；复数：по́рты, порто́в, порта́м, по́рты, порта́ми, о порта́х	

 四、词汇记忆

два́дцать	二十	twenty
три́дцать	三十	thirty
оди́ннадцать	十一	eleven
двена́дцать	十二	twelve
трина́дцать	十三	thirteen
четы́рнадцать	十四	fourteen
пятна́дцать	十五	fifteen
шестна́дцать	十六	sixteen
семна́дцать	十七	seventeen
восемна́дцать	十八	eighteen
девятна́дцать	十九	nineteen
два	二	two
три	三	three
семь	七	seen
со́рок	四十	forty
ты́сяча	一千	thousand
ма́ло	少，不多	little, not much
нема́ло	不少	many, much
не́сколько	几个，一些	several
неде́ля	星期，周	week
страна́	国家	country, land
раз	次，回	time, bout
пода́рок	礼物	present, gift
компози́тор	作曲家	somposer
иностра́нец	外国人	foreigner
удово́льствие	愉快，高兴	pleasure
городо́к	小城市；镇	small town
клуб	俱乐部，活动中心	club

ко́рпус	（一大片楼房中的）一所楼房	building, block
кабине́т	办公室,书房;研究室	office; laboratory
портре́т	肖像	portrait
отве́т	回答,答复,回信	answer, reply
руси́ст	俄罗斯语文学家,从事俄语的人	Russianist
порт	港,港口	port
Су́здаль	苏兹达尔	Suzdal
принима́ть//приня́ть	кого́-что 录取;接受	to take; to accept
забыва́ть//забы́ть	кого́-что 忘记;忽略	to forget
проси́ть//попроси́ть	кого́-что 请求	to ask (for), beg
ра́зный	不同的	different
юриди́ческий	法律(上)的	legal, juridical
дорого́й	贵重的;宝贵的;亲爱的	expensive; costly; dear
за́нятый	忙,有事,没空儿	busy (only short forms)
о́пытный	有经验的	experienced
япо́нский	日本的	Japanese
уче́бный	教学的	educational, school
лекцио́нный	讲演的	lecture
ми́лый	可爱的;亲爱的	dear, lovely
люби́мый	最受爱戴的,敬爱的	favourite, beloved
ре́дко	稀少地,很少地	rarely, seldom
ко́ротко	简短地	briefly
за	由于,因为;到……后面,在……后面	for, because of; behind
наве́рное	大概	probaly, most likely
бо́льше всего́	最	most

五、词汇造句

принима́ть//приня́ть	[未//完成体]录取;接受	
	Дире́ктор при́нял его́ на заво́д. 厂长录用他到工厂工作。	
	Ка́ждый год университе́т принима́ет мно́го студе́нтов из ра́зных стран ми́ра. 每年大学都接收许多来自世界各国的留学生。	
забыва́ть//забы́ть	[未//完成体]忘记;忽略	
	Я забы́л су́мку в аудито́рии. 我把书落在教室了。	
	Учени́к забы́л написа́ть сочине́ние. 学生忘了写作文。	
проси́ть//попроси́ть	[未//完成体]请求	
	Студе́нт попроси́л повтори́ть вопро́с ещё раз. 大学生请求把问题再重复一次。	
	Мать про́сит госте́й попро́бовать сала́т. 母亲请客人品尝沙拉。	
бо́льше всего́	[词组]最	

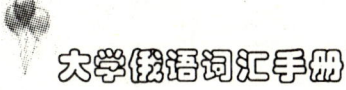

	Из всех ру́сских городо́в я бо́льше всего́ люблю́ Су́здаль. 俄罗斯所有城市中我最喜欢苏兹达尔。
удово́льствие	[中性]愉快，高兴
	Я с удово́льствием пое́ду на конце́рт. 我将很高兴参加音乐会。

一、词汇导读

第三格,又叫作"给予格",表示"给……"。有些名词的第三格特殊,需记住:отéц — отцý,день — дню,мать — мáтери,дочь — дóчери,врéмя — врéмени,ѝмя — ѝмени 等。

表示"年龄的主体"也用第三格,即"(谁)……岁"时,用第三格(见第十六课)。

二、词汇注释

к	[前置词]комý-чемý 向;朝;快到……的时候 пойтѝ к Натáше в гóсти 到娜塔莎家做客 к обéду 午饭前
передáть	[完成体]что комý 变位:передáм,передáшь,передáст,передадѝм,передадѝте,передадýт;过去时:пéредал,передалá,пéредало,пéредали//**передавáть**[未完成体]变位:передаю́,передаёшь,передаёт,передаём,передаёте,передаю́т;过去时:передавáл,передавáла,передавáло,передавáли 交给,转交 передáть письмó профéссору 把信转交给教授 передáть привéт преподавáтелю 向老师问好
звонѝть	[未完成体]комý 变位:звоню́,звонѝшь,звонѝт,звонѝм,звонѝте,звоня́т;过去时:звонѝл,звонѝла,звонѝло,звонѝли//**позвонѝть**[完成体]按铃,铃响;给……打电话 звонѝть в дверь 按门铃 звонѝть отцý 给父亲打电话 звонѝть на мой мобѝльник 往我手机上打电话
по	[前置词]комý-чемý 沿着……,在……;在……方面 гуля́ть по сáду 在花园散步 гуля́ть по гóроду 沿着城市散步 вопрóс по хѝмии 化学问题
дать	[完成体]что комý 变位:дам,дашь,даст,дадѝм,дадѝте,дадýт;过去时:дал,далá,дáло,дáли//**давáть**[未完成体]变位:даю́,даёшь,даёт,даём,даёте,даю́т;过去时:давáл,давáла,давáло,давáли 提供,给 дать сы́ну дéньги 给儿子钱 дать дóчери цифровóй фотоаппарáт 送给女儿数码相机
показáть	[完成体]что комý 变位:покажý,покáжешь,покáжет,покáжем,покáжете,покáжут;过去时:показáл,показáла,показáло,показáли//**покáзывать**[未完成体]变位:покáзываю,покáзываешь,покáзывает,покáзываем,покáзываете,покáзывают;过去时:покáзывал,покáзывала,покáзывало,покáзывали 把……给……看 показáть рубáшку коллéге 把衬衫拿给同事看 показáть дрýгу фóто 给朋友看照片
знакóмый	[形容词]знакóмая,знакóмое,знакóмые 熟悉的,知道的;熟人 знакóмый текст

		熟悉的课文 знакомые слова 学过的单词 увидеть знакомого 遇见熟人
операция	[阴性]	手术 лёгкая операция 简单的手术 сделать операцию больному 给病人做手术
	[变格]	单数：операция, операции, операции, операцию, операцией, об операции；复数：операции, операций, операциям, операции, операциями, об операциях
подарить	[完成体]	что кому 变位：подарю, подаришь, подарит, подарим, подарите, подарят；过去时：подарил, подарила, подарило, подарили//**дарить** [未完成体] 赠送 подарить брату галстук 送弟弟一条领带
обещать	[未或完成体]	кому 变位：обещаю, обещаешь, обещает, обещаем, обещаете, обещают；过去时：обещал, обещала, обещало, обещали//**пообещать** [完成体] 答应，充诺 обещать сыну купить фотоаппарат 答应给儿子买照相机
рождение	[中性]	出生 день рождения 生日
	[变格]	单数：рождение, рождения, рождению, рождение, рождением, о рождении
весело	[副词或用作谓语]	愉快地；高兴，快活 весело жить 愉快地生活
приятно	[副词或用作谓语]	愉快地；高兴 приятно вас видеть 见到你很高兴
холодно	[副词或用作谓语]	冷 На улице холодно. 外边很冷。
жарко	[副词或用作谓语]	热 Летом в комнате жарко. 夏天房间里很热。
нельзя	[用作谓语]	不许，不可能 нельзя разговаривать в читальном зале 不允许在阅览室里说话
надо	[用作谓语]	应该，应当 Детям надо рано вставать. 孩子们应该早起。
нужно	[用作谓语]	需要 Вам нужно хорошо учиться. 你们应该好好学习。
малый	[形容词]	малая, малое, малые 小的，小号的 Малый театр（莫斯科）小剧院
галерея	[阴性]	走廊，回廊 Третьяковская галерея（莫斯科）特列季亚科夫美术馆
	[变格]	单数：галерея, галереи, галерее, галерею, галереей, о галерее；复数：галереи, галерей, галереям, галереи, галереями, о галереях
пушкинский	[形容词]	пушкинская, пушкинское, пушкинские 普希金 Пушкинский дом 普希金之家 Пушкинская площадь 普希金广场
троллейбус	[阳性]	无轨电车 ехать на троллейбусе 乘坐无轨电车
	[变格]	单数：троллейбус, троллейбуса, троллейбусу, троллейбус, троллейбусом, о троллейбусе 复数：троллейбусы, троллейбусов, троллейбусам, троллейбусы, троллейбусами, о троллейбусах
трамвай	[阳性]	有轨电车 ехать на трамвае
	[变格]	单数：трамвай, трамвая, трамваю, трамвай, трамваем, о трамвае 复数：трамваи, трамваев, трамваям, трамваи, трамваями, о трамваях
без	[前置词]	кого-чего 没有，不带
университетский	[形容词]	университетская, университетское, университетские 大学的 университетский товарищ 大学同学 мои университетские годы 我的大学时

	光 университе́тский городо́к 大学城
легко́	[谓语或用作谓语]轻快地；容易 легко́ жить 生活得很轻松
лёгкий	[形容词] *лёгкая, лёгкое, лёгкие* 轻的；容易的 лёгкая му́зыка 轻音乐 лёгкий текст 简单的课文
интере́сно	[副词或用作谓语]有趣地；很有意思 интере́сно смотре́ть фильм 很有兴志地看电影
разгово́р	[阳性]谈话 интере́сный разгово́р 有趣的谈话
	[变格]单数：*разгово́р, разгово́ра, разгово́ру, разгово́р, разгово́ром, о разгово́ре*
универма́г	[阳性]百货商店 купи́ть в универма́ге 在百货商店买东西
	[变格]单数：*универма́г, универма́га, универма́гу, универма́г, универма́гом, об универма́ге* 复数：*универма́ги, универма́гов, универма́гам, универма́ги, универма́гами, об универма́гах*
снача́ла	[副词]开始，最初
га́лстук	[阳性]领带 кра́сный га́лстук 红色的领带
	[变格]单数：*га́лстук, га́лстука, га́лстуку, га́лстук, га́лстуком, о га́лстуке*；复数：*га́лстуки, га́лстуков, га́лстукам, га́лстуки, га́лстуками, о га́лстуках*
нра́виться	[未完成体]*кому́* 变位：*нра́влюсь, нра́вишься, нра́вится, нра́вимся, нра́витесь, нра́вятся*；过去时：*нра́вился, нра́вилась, нра́вилось, нра́вились*// **понра́виться**[完成体]引起(某人)爱慕；使(某人)感到喜欢 Мне нра́вится си́ний га́лстук. 我喜欢蓝色的领带。
сто́ить	[未完成体]*что* 或 *чего́* 变位：*сто́ю, сто́ишь, сто́ит, сто́им, сто́ите, сто́ят*；过去时：*сто́ил, сто́ила, сто́ило, сто́или* 值(多少)，价钱是 Кефи́р сто́ит со́рок рубле́й. 酸奶40卢布。
до́лго	[副词]长久地 до́лго ждать 等了很长时间
наконе́ц	[连词]最后，终于
шарф	[阳性]围巾，头巾
	[变格]单数：*шарф, ша́рфа, ша́рфу, шарф, ша́рфом, о ша́рфе* 复数：*ша́рфы, ша́рфов, ша́рфам, ша́рфы, ша́рфами, о ша́рфах*
ле́нинский	[形容词] *ле́нинская, ле́нинское, ле́нинские* 列宁的 Ле́нинский проспе́кт 列宁大街
пое́хать	[完成体]变位：*пое́ду, пое́дешь, пое́дет, пое́дем, пое́дете, пое́дут*；过去时：*пое́хал, пое́хала, пое́хало, пое́хали*（乘车、船等）前往，出发 пое́хать в Пеки́н 去北京
пригото́вить	[完成体]*что* 变位：*пригото́влю, пригото́вишь, пригото́вит, пригото́вим, пригото́вите, пригото́вят*；过去时：*пригото́вил, пригото́вила, пригото́вило, пригото́вили*// **пригота́вливать**[未完成体]变位：*пригота́вливаю, пригота́вливаешь, пригота́вливает, пригота́вливаем, пригота́вливаете, пригота́вливают*；过去时：*пригота́вливал, пригота́вливала, пригота́вливало, пригота́вливали* 把……准备好 пригото́вить обе́д 准备好午饭

三、词汇重点

помо́чь	[完成体] кому́-чему́ 变位: помогу́, помо́жешь, помо́жет, помо́жем, помо́жете, помо́гут; 过去时: помо́г, помогла́, помогло́, помогли́ // **помога́ть** [未完成体] 变位: помога́ю, помога́ешь, помога́ет, помога́ем, помога́ете, помога́ют; 过去时: помога́л, помога́ла, помога́ло, помога́ли 帮助,援助;(一、二人称不用)发生作用,见效 помо́чь дру́гу 帮助朋友 помо́чь друг дру́гу 互相帮助
прийти́	[完成体] 变位: приду́, придёшь, придёт, придём, придёте, приду́т; 过去时: пришёл, пришла́, пришло́, пришли́ // **приходи́ть** [未完成体] 变位: прихожу́, прихо́дишь, прихо́дит, прихо́дим, прихо́дите, прихо́дят; 过去时: приходи́л, приходи́ла, приходи́ло, приходи́ли 到来,来到 прийти́ к нему́ в го́сти 到他家做客 Ве́чер пришёл. 夜晚降临了。
	[注意] прийти́ 变位特殊-й-脱落,过去时特殊-й-脱落
пройти́	[完成体] что 变位: пройду́, пройдёшь, пройдёт, пройдём, пройдёте, пройду́т; 过去时: прошёл, прошла́, прошло́, прошли́ // **проходи́ть** [未完成体] 变位: прохожу́, прохо́дишь, прохо́дит, прохо́дим, прохо́дите, прохо́дят; 过去时: проходи́л, проходи́ла, проходи́ло, проходи́ли 走过去,走到;学完 пройти́ на Кра́сную пло́щадь 去红场 пройти́ к ци́рку 去杂技场 пройти́ уро́ки 学完功课
	[注意] пройти́ 过去时特殊
продаве́ц	[阳性] 售货员
	[注意] продаве́ц 变格时-é-脱落,变格时重音后移
	[变格] 单数: продаве́ц, продавца́, продавцу́, продавца́, продавцо́м, о продавце́; 复数: продавцы́, продавцо́в, продавца́м, продавцо́в, продавца́ми, о продавца́х

 四、词汇记忆

к	向,朝;快到……的时候	to, towards
по	沿着……,在……;在……方面	on, along
без	没有,不带	without
передава́ть // переда́ть	交给,转交	to pass, transfer
помога́ть // помо́чь	帮助,援助;(一、二人称不用)发生作用,见效	to help, aid; to relieve, bring relief
звони́ть // позвони́ть	按铃,铃响;给……打电话	to ring up; to call, ring
дава́ть // дать	提供,给	to give
пока́зывать // показа́ть	把……给……看	to show, display
дари́ть // подари́ть	赠送	to give
обеща́ть // пообеща́ть	答应,允诺	to promise
приходи́ть // прийти́	到来,来到	to come, arrive
проходи́ть // пройти́	走过去,走到;学完	to pass, go; to do, take

нра́виться//понра́виться	引起(某人)爱慕;使(某人)感到喜欢	to please, to like
сто́ить	值(多少),价钱是	to cost
пое́хать	(乘车、船等)前往,出发	to go (in or on vechicle)
приготáвливать//приготóвить	准备好	to prepare
ве́село	愉快地;高兴,快活	gaily, merrily
прия́тно	愉快地;高兴	pleasantly, nicely
хо́лодно	冷	coldly
жа́рко	热	hot
нельзя́	不许,不可能	not, impossible
на́до	应该,应当	it is necessary; one must
ну́жно	需要	need
куда́	到哪儿,去哪里	where
легко́	轻快地;容易	hightly; easily
интере́сно	有趣地;很有意思	it is would be interesting
снача́ла	开始,最初	at first, at the beginning
до́лго	长久地	long, (for) a long time
наконе́ц	最后,终于	at last, finally
опера́ция	手术	operation
рожде́ние	出生	birth
галере́я	走廊,回廊	gallery
Третьяко́вская галере́я	特列季亚科夫美术馆	Tretyakov gallery
тролле́йбус	无轨电车	trolley, trolley bus
трамва́й	有轨电车	tram
разгово́р	谈话	talk, conversation
универма́г	百货商店	department store
га́лстук	领带	tie
продаве́ц	售货员	seller, kendor
шарф	围巾,头巾	scarf
Сиби́рь	西伯利亚	Siberia
Ма́лый теа́тр	小剧院	The Maly Theatre
Владивосто́к	符拉迪沃斯托克	Vladivostok
знако́мый	熟悉的,知道的;熟人	familiar, know; friend, acquaintance
ма́лый	小的,小号的	little, small
пу́шкинский	普希金的	Pushkin
университе́тский	大学的	university
лёгкий	轻的;容易的	light; easy
ле́нинский	列宁的	Lenin's

五、词汇造句

помогáть//помóчь	[未//完成体]комý-чемý 帮助，援助；(一、二人称不用)发生作用，见效
	Студéнты помогáют друг дрýгу. 学生们互相帮助。
	Мать помогáет сы́ну дéлать домáшние задáния. 母亲帮儿子做家庭作业。
	Лекáрство емý помогáет. 药物对他很有效。
давáть//дать	[未//完成体]что комý 提供，给
	Он дал мне свой áдрес и нóмер телефóна. 他把地址和电话号码给我了。
	Отéц дал сы́ну цифровóй фотоаппарáт. 父亲给儿子一部数码相机。
	Университéт дал нóвому преподавáтелю квартúру. 大学分给新教师一套房子。
покáзывать//показáть	[未//完成体]что комý 把……给……看
	Я показáл свой нóвые часы́ дрýгу. 我把自己的新手表给朋友看。
	Продавéц показáл мне нóвую рубáшку. 售货员把新衬衫拿给我看。
нрáвиться//понрáвиться	[未//完成体]комý 引起(某人)爱慕；使(某人)感到喜欢
	Мне нрáвится э́та лáмпа. 我喜欢这盏灯。
	Мне нрáвится игрáть в футбóл. 我喜欢踢足球。
	В дéтстве мне понрáвилось петь. 童年起我就爱唱歌。
дарúть//подарúть	[未//完成体]что комý 赠送
	Отéц подарúл мне часы́. 父亲送我一块手表。
	Родúтели подарúли дóчери компьютер на день рождéния. 父母送女儿电脑作为生日礼物。
обещáть//пообещáть	[未或完//完成体]комý 答应，允诺
	Он обещáл мне в прийтú вéчером. 他答应我晚上来。
	Сын обещáл мáтери приготóвить обéд. 儿子答应母亲做午饭。

第十六课

一、词汇导读

本课学习名词复数第三格。有些名词的复数第三格特殊,需记住:брат — братьям,стул — стульям,друг — друзьям,мать — матерям,дочь — дочерям,имя — именам,время — временам 等。

要求第三格的动词,需记住:мешать 妨碍,影响;учиться 学习;советовать//посоветовать 建议;нравиться//понравиться 喜欢;помогать//помочь 帮助,援助。

二、词汇注释

турист	[阳性]旅行者,旅游者 [变格]单数:турист, туриста, туристу, туриста, туристом, о туристе;复数:туристы, туристов, туристам, туристов, туристами, о туристах
ходить	[未完成体]变位:хожу, ходишь, ходит, ходим, ходите, ходят;过去时:ходил, ходила, ходило, ходили 走,去,走动;穿着 ходить в школу 上学 ходить в синей рубашке 穿着蓝色的衬衫 ходить в шапке 戴着帽子
принести	[完成体]что 变位:принесу, принесёшь, принесёт, принесём, принесёте, принесут;过去时:принёс, принесла, принесло, принесли//**приносить**[未完成体]变位:приношу, приносишь, приносит, приносим, приносите, приносят;过去时:приносил, приносила, приносило, приносили 带来,拿来 принести книгу 带来一本书 принести другу подарок 给朋友带来礼物
пятьдесят	[数词]五十
шестьдесят	[数词]六十
семьдесят	[数词]七十
восемьдесят	[数词]八十
девяносто	[数词]九十
исполниться	[完成体]кому-чему 变位(第一、二人称不用):исполнится, исполнятся;过去时:исполнился, исполнилась, исполнилось, исполнились//**исполняться**[未完成体]变位(第一、二人称不用):исполняется, исполняются;过去时:исполнялся, исполнялась, исполнялось, исполнялись 实现;(年龄)满 Мечта исполнилась. 理想实现了。Мальчику исполнилось шесть лет. 小男孩六岁了。Студенту исполнился двадцать один год. 大学生21岁了。

сле́ва	[副词]在左面；从左边 сле́ва от вхо́да 入口左边
спра́ва	[副词]在右面,从右边 спра́ва от вхо́да 入口右边
поступи́ть	[完成体]变位：поступлю́, посту́пишь, посту́пит, посту́пим, посту́пите, посту́пят；过去时, поступи́л, поступи́ла, поступи́ло, поступи́ли // *поступа́ть* [未完成体]变位：поступа́ю, поступа́ешь, поступа́ет, поступа́ем, поступа́ете, поступа́ют；过去时：поступа́л, поступа́ла, поступа́ло, поступа́ли 办，做；进入，加入 хорошо́ поступа́ть 会办事 поступи́ть на рабо́ту 参加工作 поступи́ть в университе́т 上大学
око́нчить	[完成体] *что* 变位：око́нчу, око́нчишь, око́нчит, око́нчим, око́нчите, око́нчат；过去时：око́нчил, око́нчила, око́нчило, око́нчили // *ока́нчивать* [未完成体]变位：ока́нчиваю, ока́нчиваешь, ока́нчивает, ока́нчиваем, ока́нчиваете, ока́нчивают；过去时：ока́нчивал, ока́нчивала, ока́нчивало, ока́нчивали 结束；毕业，读完 око́нчить зада́ние 完成任务 око́нчить сре́днюю шко́лу 中学毕业 око́нчить университе́т 大学毕业
ско́ро	[副词]快,很快 Ско́ро наступит весна́. 春天快来了。
помидо́р	[阳性]西红柿
	[变格]单数：помидо́р, помидо́ра, помидо́ру, помидо́р, помидо́ром, о помидо́ре；复数：помидо́ры, помидо́ров, помидо́рам, помидо́ры, помидо́рами, о помидо́рах
ро́вно	[副词]恰好,整整 ро́вно в пять часо́в 正好在五点钟
отправля́ться	[未完成体]变位：отправля́юсь, отправля́ешься, отправля́ется, отправля́емся, отправля́етесь, отправля́ются；过去时：отправля́лся, отправля́лась, отправля́лось, отправля́лись // *отпра́виться* [完成体]变位：отпра́влюсь, отпра́вишься, отпра́вится, отпра́вимся, отпра́витесь, отпра́вятся；过去时：отпра́вился, отпра́вилась, отпра́вилось, отпра́вились 出发,前往 отпра́виться в Росси́ю 出发去俄罗斯
иде́я	[阴性]念头,主意 У меня́ иде́я. 我有一个主意。
	[变格]单数：иде́я, иде́и, иде́е, иде́ю, иде́ей, об иде́е；复数：иде́и, иде́й, иде́ям, иде́и, иде́ями, об иде́ях
пти́ца	[阴性]鸟,禽
	[变格]单数：пти́ца, пти́цы, пти́це, пти́цу, пти́цей, о пти́це；复数：пти́цы, птиц, пти́цам, птиц, пти́цами, о пти́цах
живо́тное	[中性]动物
	[变格]单数：живо́тное, живо́тного, живо́тному, живо́тное, живо́тным, о живо́тном；复数：живо́тные, живо́тных, живо́тным, живо́тных, живо́тными, о живо́тных
узна́ть	[完成体] *кого́-что (у кого́)* 变位：узна́ю, узна́ешь, узна́ет, узна́ем, узна́ете, узна́ют；过去时：узна́л, узна́ла, узна́ло, узна́ли // *узнава́ть* [未完成体]变位：узнаю́, узнаёшь, узнаёт, узнаём, узнаёте, узнаю́т；过去时：узнава́л, узнава́ла, узнава́ло, узнава́ли 认出；得知,打听到 узна́ть знако́мого 认出

熟人 узнáть о сы́не 打听儿子的消息 узнáть из газéты 从报纸上得知 узнáть у декáна 打听系主任

прáвда	[阴性]真情;真理 узнáть прáвду 得知真相 газéта «Прáвда»《真理报》	
	[变格]单数: прáвда, прáвды, прáвде, прáвду, прáвдой, о прáвде	
неужéли	[语气词]难道,莫非	
ведь	[连接词]要知道,因为	
шкóльник	[阳性](中、小学的)学生	
	[变格]单数: шкóльник, шкóльника, шкóльнику, шкóльника, шкóльником, о шкóльнике; 复数: шкóльники, шкóльников, шкóльникам, шкóльников, шкóльниками, о шкóльниках	
кончáть	[未完成体] что 变位: кончáю, кончáешь, кончáет, кончáем, кончáете, кончáют; 过去时: кончáл, кончáла, кончáло, кончáли // **кóнчить** [完成体] 变位: кóнчу, кóнчишь, кóнчит, кóнчим, кóнчите, кóнчат; 过去时: кóнчил, кóнчила, кóнчило, кóнчили 毕业;完成 кóнчить рабóту 完成工作	
сáмый	[代词] сáмая, сáмое, сáмые 正是;最,极 сáмый крaсивый гóрод 最美城市 Вы пришли в сáмое врéмя. 您来得正是时候。	
прóшлый	[形容词] прóшлая, прóшлое, прóшлые 过去的,上次的 прóшлый раз 上次 на прóшлой недéле 在上星期 в прóшлом мéсяце 在上个月	
технический	[形容词] техническая, техническое, технические 技术的 технический университéт 工业大学	
программист	[阳性]程序设计员,软件工程师	
	[变格]单数: программист, программиста, программисту, программиста, программистом, о программисте; 复数: программисты, программистов, программистам, программистов, программистами, о программистах	
ноль/нуль	[阳性]零,零度 ноль часóв 零点	
	[注意] ноль/нуль 变格重音后移(此词后接复数第二格)	
	[变格]单数: ноль/нуль, ноля/нуля, нолю/нулю, ноль/нуль, нолём/нулём, о нолé/нулé	
нóмер	[阳性]号,号码;(音乐会演出的某一)节目	
	[注意] нóмер 复数以-á结尾,为номерá,复数各格重音后移	
	[变格]单数: нóмер, нóмера, нóмеру, нóмер, нóмером, о нóмере; 复数: номерá, номерóв, номерáм, номерá, номерáми, о номерáх	
птичий	[形容词] птичья, птичье, птичьи 鸟的 на птичьем ры́нке 在鸟市	
	[注意] птичий 变格特殊	
физика	[阴性]物理学 изучáть физику 研究物理学	
	[变格]单数: физика, физики, физике, физику, физикой, о физике	
сам	[代词] самá, самó, сáми 自己,本人;独自 Дирéктор сам пришёл. 经理亲自来了。	
составля́ть	[未完成体] что 变位: составля́ю, составля́ешь, составля́ет, составля́ем, составля́ете, составля́ют; 过去时: составля́л, составля́ла, составля́ло, составля́ли // **состáвить** [完成体] 变位: состáвлю, состáвишь,	

	составит, составим, составите, составят；过去时：составил, составила, составило, составили 编辑；组成 составить задачи 出题 составить словарь 编词典 составить дружную семью 组成和睦的家庭
программа	[阴性]大纲；节目单；程序 учебная программа 教学大纲 программа вечера 晚会的节目单 составить программу 编写程序
	[变格]单数：программа, программы, программе, программу, программой, о программе；复数：программы, программ, программам, программы, программами, о программах
закончить	[完成体]что 变位：закончу, закончишь, закончит, закончим, закончите, закончат；过去时：закончил, закончила, закончило, закончили // **заканчивать**[未完成体]变位：заканчиваю, заканчиваешь, заканчивает, заканчиваем, заканчиваете, заканчивают；过去时：заканчивал, заканчивала, заканчивало, заканчивали 完成, 做完, 结束 закончить доклад 做完报告 закончить статью 写完文章
коридор	[阳性]走廊
	[变格]单数：коридор, коридора, коридору, коридор, коридором, о коридоре；复数：коридоры, коридоров, коридорам, коридоры, коридорами, о коридорах
знаменитость	[阴性]名人
	[变格]单数：знаменитость, знаменитости, знаменитости, знаменитость, знаменитостью, о знаменитости
верить	[未完成体]кому 或 во что 变位：верю, веришь, верит, верим, верите, верят；过去时：верил, верила, верило, верили 相信, 坚信 верить другу 相信朋友 верить в правду 相信真理

三、词汇重点

ребёнок	[阳性]小孩, 孩子
	[注意]ребёнок 变格时-о-脱落, 复数形式为 дети
	[变格]单数：ребёнок, ребёнка, ребёнку, ребёнка, ребёнком, о ребёнке；复数：дети, детей, детям, детей, детьми, о детях
килограмм	[阳性]公斤, 千克 два килограмма помидоров 两公斤西红柿
	[注意]килограмм 复数第二格有两种形式：килограммов 和 килограмм
	[变格]单数：килограмм, килограмма, килограмму, килограмм, килограммом, о килограмме；复数：килограммы, килограммов（килограмм）, килограммам, килограммы, килограммами, о килограммах
огурец	[阳性]黄瓜 свежие огурцы 新鲜的黄瓜
	[注意]огурец 变格时-е-脱落, 变格时重音后移
	[变格]单数：огурец, огурца, огурцу, огурец, огурцом, об огурце；复数：огурцы, огурцов, огурцам, огурцы, огурцами, об огурцах

四、词汇记忆

пятьдеся́т	五十	fifty
шестьдеся́т	六十	sixty
се́мьдесят	七十	seventy
во́семьдесят	八十	eighty
девяно́сто	九十	ninety
ходи́ть	走,去,走动;穿着	to go (on foot); to wear
приноси́ть//принести́	带来,拿来	to bring
исполня́ться//испо́лниться	实现;(年龄)满	to be fulfilled; expr. passage of time
поступа́ть//поступи́ть	办,做;进入,加入	to act; to enter, join
ока́нчивать//око́нчить	结束;毕业,读完	to finish, end
отправля́ться//отпра́виться	出发,前往	to leave, depart
узнава́ть//узна́ть	认出;得知,打听到	to recognize; to learn, hear
составля́ть//соста́вить	编辑;组成	to make, draw up; to form, total
зака́нчивать//зако́нчить	完成,做完,结束	to end, finish
ве́рить	相信,坚信	to believe, trust
пти́чий	鸟的	bird, birdlike
про́шлый	过去的,上次的	former, past
техни́ческий	技术的	technical
са́мый	正是;最,极	the very, right; the most
сам	自己,本人;独自	myself
тури́ст	旅行者,旅游者	tourist, visitor
ребёнок	小孩,孩子	child
помидо́р	西红柿	tomato
килогра́мм	公斤,千克	kilogram(me)
огуре́ц	黄瓜	cucumber
ноль	零,零度	zero
но́мер	号,号码;(音乐会演出的某一)节目	number; programme
иде́я	念头,主意	idea
пти́ца	鸟,禽	bird
живо́тное	动物	animal
пра́вда	真情;真理	truth, the truth; justice
шко́льник	(中、小学的)学生	schoolchild, pupil
программи́ст	程序设计员,软件工程师	(computer) programmer
фи́зика	物理学	physics
програ́мма	大纲;节目单;程序	programme; application

коридо́р	走廊	corridor
знамени́тость	名人	famous person
сле́ва	在左面;从左边	on the left; from left
спра́ва	在右面;从右边	on the right; from right
ско́ро	快,很快	quickly, soon
ро́вно	恰好,整整	exactly, precisely
неуже́ли	难道,莫非	really, surely
ведь	要知道,因为	as, because

 五、词汇造句

ходи́ть	［未完成体］走,去,走动;穿着
	Ребёнок уже́ хо́дит. 小孩已经会走路了。
	Оте́ц хо́дит по ко́мнате. 父亲在房间里走来走去。
	Ка́ждый день Андре́й хо́дит на рабо́ту пешко́м. 每天安德烈徒步上班。
	Де́вушка лю́бит ходи́ть в кра́сной руба́шке. 姑娘喜欢穿红衬衫。
	Зимо́й ю́ноша хо́дит без ша́пки. 冬天年轻人不戴帽子。
приноси́ть//принести́	［未//完成体］что 带来,拿来
	Я принёс вам письмо́. 我给您带来一封信。
	Друзья́ принесли́ ей цветы́ в пода́рок. 朋友们给她带来鲜花做礼物。
исполня́ться//испо́лниться	［未//完成体］实现;кому́（年龄）满
	Его́ мечта́ испо́лнилась. 他的愿望实现了。
	Когда́ мне испо́лнилось 18 лет, я поступи́л в университе́т. 我18岁的时候考上了大学。
	В э́том году́ Харби́нскому политехни́ческому университе́ту испо́лнилось 94 го́да. 今年哈尔滨工业大学建校94周年。
поступа́ть//поступи́ть	［未//完成体］办,做;进入,参加
	На моём ме́сте я не могу́ так поступа́ть. 处在我的位置上,我不能那么做。
	Мла́дший брат поступи́л в университе́т на истори́ческий факульте́т. 弟弟考上了大学历史系。
	В про́шлом году́ я поступи́л на рабо́ту на заво́д. 去年我到工厂参加工作。
ока́нчивать//око́нчить	［未//完成体］что 结束;毕业,读完
	Ве́чером мы око́нчили рабо́ту. 晚上我们完成了工作。
	Ба́бушка око́нчила расска́з. 奶奶讲完了故事。
	Мой брат око́нчил сре́днюю шко́лу. 我弟弟已经中学毕业了。

отправля́ться// отпра́-виться	[未//完成体]出发,前往
	За́втра мы отпра́вимся в путеше́ствие. 明天我们去旅行。
	Сего́дня я отпра́влюсь в кни́жный магази́н за кни́гами. 今天我要去书店买书。
	По́езд отправля́ется в де́сять часо́в. 火车十点钟出发。
узнава́ть// узна́ть	[未//完成体]*кого́-что* 认出;得知,打听到
	На у́лице я уви́дел Анто́на, но не узна́л его́. 我在街上遇到安东,但没认出来。
	Об э́том я узна́л из газе́ты. 我是从报纸上得知这个消息的。
конча́ть// ко́нчить	[未//完成体]*что* 毕业;完成
	Рабо́чие ко́нчили рабо́ту. 工人完成了工作。
	Ма́льчик ко́нчил второ́й класс. 小男孩已经读完二年级了。
составля́ть// соста́-вить	[未//完成体]*что* 编辑;组成
	Профессора́ соста́вили ру́сско-кита́йский слова́рь. 教授们编写了一本俄汉词典。
	Мы составля́ем дру́жную семью́. 我们组成了一个和睦的家庭。
зака́нчивать// закон́-чить	[未//完成体]*что* 完成,做完,结束
	Профе́ссор зако́нчил докла́д. 教授做完了报告。
	В э́том году́ моя́ дочь зака́нчивает сре́днюю шко́лу. 今年我女儿中学毕业。
	За́втра мы зако́нчим пя́тый уро́к. 我们明天学完第五课。
ве́рить	[未完成体]*кому́* 或 *во что* 相信,坚信
	Мы ве́рим в пра́вду. 我们坚信真理。
	Друзья́ ве́рят друг дру́гу. 朋友们相互信任。
	Ученики́ ве́рят ка́ждому сло́ву учи́теля. 学生们相信老师的每一句话。
сам	[代词]自己,本人;独自
	Дире́ктор сам отве́тил на вопро́сы рабо́чих. 厂长亲自回答了工人的提问。
	Она́ сама́ узна́ла об э́том у дека́на. 她自己从系主任得到这个消息。

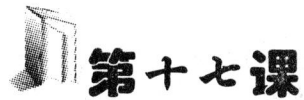

第十七课

一、词汇导读

本课开始学习第五格,第五格又叫作"工具格",表示"用……"。有些名词的单数第五格特殊,需记住:мать — ма́терью, дочь — до́черью, и́мя — и́менем, вре́мя — вре́менем 等。

以下这些动词要求第五格客体,需记住:быть 是;занима́ться 从事,做;интересова́ться 对……感兴趣,关心;рабо́тать 作……职业;стать 成为……。

二、词汇注释

над	[前置词] кем-чем 在……上方 над столо́м 桌子上方 над мо́рем 海上
профе́ссия	[阴性] 职业 интере́сная профе́ссия 有趣的职业 Она́ врач по профе́ссии. 她的职业是医生。
	[变格] 单数:профе́ссия, профе́ссии, профе́ссии, профе́ссию, профе́ссией, о профе́ссии
интересова́ться	[未完成体] чем 变位:интересу́юсь, интересу́ешься, интересу́ется, интересу́емся, интересу́етесь, интересу́ются;过去时:интересова́лся, интересова́лась, интересова́лось, интересова́лись 对……感兴趣,关心 интересова́ться фи́зикой 对物理学感兴趣 интересова́ться теа́тром 对戏剧感兴趣
случи́ться	[完成体] 变位(第一、二人称不用):случи́тся, случа́тся;过去时:случи́лся, случи́лась, случи́лось, случи́лись // случа́ться [未完成体] 变位(第一、二人称不用):случа́ется, случа́ются;过去时:случа́лся, случа́лась, случа́лось, случа́лись 发生 Что случи́лось с ним? 他怎么了? С дру́гом случи́лась беда́. 朋友发生了不幸。
спортсме́н	[阳性] 运动员 о́пытный спортсме́н 有经验的运动员
	[变格] 单数:спортсме́н, спортсме́на, спортсме́ну, спортсме́на, спортсме́ном, о спортсме́не;复数:спортсме́ны, спортсме́нов, спортсме́нам, спортсме́нов, спортсме́нами, о спортсме́нах
диплома́т	[阳性] 外交官;外交家 стать диплома́том 成为外交官
	[变格] 单数:диплома́т, диплома́та, диплома́ту, диплома́та, диплома́том, о диплома́те;复数:диплома́ты, диплома́тов, диплома́там, диплома́тов, диплома́тами, о диплома́тах
хими́ческий	[形容词] хими́ческая, хими́ческое, хими́ческие 化学的 хими́ческий факульте́т 化学系 хими́ческий заво́д 化工厂
театра́льный	[形容词] театра́льная, театра́льное, театра́льные 戏剧的,舞台的 театра́ль-

	ный костюм 戏装 театра́льная жизнь 舞台生涯 театра́льный зал 剧院大厅
умыва́ться	[未完成体]变位:умыва́юсь,умыва́ешься,умыва́ется,умыва́емся,умыва́етесь,умыва́ются;过去时:умыва́лся,умыва́лась,умыва́лось,умыва́лись//**умы́ться**[完成体]变位:умо́юсь,умо́ешься,умо́ется,умо́емся,умо́етесь,умо́ются;过去时:умы́лся,умы́лась,умы́лось,умы́лись 洗脸 умы́ться холо́дной водо́й 用冷水洗脸
холо́дный	[形容词]холо́дная,холо́дное,холо́дные 冷的 холо́дная вода́ 冷水 холо́дная пого́да 寒冷的天气
те́ннис	[阳性]网球(运动)игра́ть в те́ннис 打网球
	[变格]单数:те́ннис,те́нниса,те́ннису,те́ннис,те́ннисом,о те́ннисе
баскетбо́л	[阳性]篮球(运动)игра́ть в баскетбо́л 打篮球
	[变格]单数:баскетбо́л,баскетбо́ла,баскетбо́лу,баскетбо́л,баскетбо́лом,о баскетбо́ле
волейбо́л	[阳性]排球(运动)игра́ть в волейбо́л 打排球
	[变格]单数:волейбо́л,волейбо́ла,волейбо́лу,волейбо́л,волейбо́лом,о волейбо́ле
бутербро́д	[阳性](夹奶油、火腿、腊肠等的)面包片 бутербро́д с сы́ром 夹奶酪的三明治
	[变格]单数:бутербро́д,бутербро́да,бутербро́ду,бутербро́д,бутербро́дом,о бутербро́де;复数:бутербро́ды,бутербро́дов,бутербро́дам,бутербро́ды,бутербро́дами,о бутербро́дах
лимо́н	[阳性]柠檬树,柠檬 чай с лимо́ном 柠檬茶
	[变格]单数:лимо́н,лимо́на(лимо́ну),лимо́ну,лимо́н,лимо́ном,о лимо́не
опя́ть	[副词]又,再,再一次 опя́ть заболе́ть 又生病了
пробле́ма	[阴性](需解决、研究的)复杂问题,课题;难题 реши́ть пробле́му 解决问题
перево́дчик	[阳性]翻译工作者,翻译 перево́дчик ру́сского языка́ 俄语翻译
	[变格]单数:перево́дчик,перево́дчика,перево́дчику,перево́дчика,перево́дчиком,о перево́дчике;复数:перево́дчики,перево́дчиков,перево́дчикам,перево́дчиков,перево́дчиками,о перево́дчиках
тре́нер	[阳性]教练员 о́пытный тре́нер 经验丰富的教练
	[变格]单数:тре́нер,тре́нера,тре́неру,тре́нера,тре́нером,о тре́нере;复数:тре́неры,тре́неров,тре́нерам,тре́неров,тре́нерами,о тре́нерах
по́сле	[前置词或副词]чего́ 在……之后,以后 по́сле обе́да 午饭后,下午 по́сле уро́ка 下课后 по́сле шко́лы 放学后 По́сле я стал перево́дчиком. 后来我成了翻译。
мо́жет быть	[插入语]也许,可能 Он тяжело́ заболе́л,мо́жет быть,потому́ что он не занима́ется спо́ртом. 他病得很重,可能是不锻炼身体的原因。
стать	[完成体]кем-чем 变位:ста́ну,ста́нешь,ста́нет,ста́нем,ста́нете,ста́нут;过去时:стал,ста́ла,ста́ло,ста́ли//**станови́ться**[未完成体]становлю́сь,стано́вишься,стано́вится,стано́вимся,стано́витесь,стано́вятся;过去时:станови́лся,станови́лась,станови́лось,станови́лись 站

起；(接不定式)开始；成为 становиться на́ голову 头顶地倒立起来 стать перево́дчиком 成为翻译 стать спортсме́ном 成为运动员 Ребёнок стал ходи́ть. 小孩开始走路了。

бизнесме́н	[阳性]商人 стать бизнесме́ном 成为商人	
	[变格]单数：бизнесме́н, бизнесме́на, бизнесме́ну, бизнесме́на, бизнесме́ном, о бизнесме́не；复数：бизнесме́ны, бизнесме́нов, бизнесме́нам, бизнесме́нов, бизнесме́нами, о бизнесме́нах	
откры́ть	[完成体]что 变位：откро́ю, откро́ешь, откро́ет, откро́ем, откро́ете, откро́ют；过去时：откры́л, откры́ла, откры́ло, откры́ли//**открыва́ть** [未完成体]变位：открыва́ю, открыва́ешь, открыва́ет, открыва́ем, открыва́ете, открыва́ют；过去时：открыва́л, открыва́ла, открыва́ло, открыва́ли 打开；开办；开始 откры́ть окно́ 打开窗户 откры́ть фи́рму 开办公司 откры́ть собра́ние 开始开会	
со́бственный	[形容词]со́бственная, со́бственное, со́бственные 私人的；自己的 со́бственная фи́рма 私人公司 со́бственные ру́ки 自己的双手	
би́знес	[阳性]生意 откры́ть со́бственный би́знес 自己创业	
	[变格]单数：би́знес, би́знеса, би́знесу, би́знес, би́знесом, о би́знесе	
сове́товать	[未完成体]кому́-чему́ 变位：сове́тую, сове́туешь, сове́тует, сове́туем, сове́туете, сове́туют；过去时：сове́товал, сове́товала, сове́товало, сове́товали//**посове́товать** [完成体]建议 посове́товать ему́ отдохну́ть 建议他休息	
е́здить	[未完成体]变位：е́зжу, е́здишь, е́здит, е́здим, е́здите, е́здят；过去时：е́здил, е́здила, е́здило, е́здили (乘车、船等)来往，经常去(某处) е́здить на рабо́ту на метро́ 乘地铁上班	
се́вер	[阳性]北，北面；北方 на се́вере 在北方	
	[变格]单数：се́вер, се́вера, се́веру, се́вер, се́вером, о се́вере	
одна́жды	[副词]有一天 Одна́жды он заболе́л. 有一天他病了。	
деся́тый	[数词]деся́тая, деся́тое, деся́тые 第十 деся́тый день 第十天	
тяжело́	[副词或用作谓语]重；觉得困难，吃力；痛苦 жить тяжело́ 艰难地生活	
заболе́ть	[完成体]变位：заболе́ю, заболе́ешь, заболе́ет, заболе́ем, заболе́ете, заболе́ют；过去时：заболе́л, заболе́ла, заболе́ло, заболе́ли//**заболева́ть** [未完成体]变位：заболева́ю, заболева́ешь, заболева́ет, заболева́ем, заболева́ете, заболева́ют；过去时：заболева́л, заболева́ла, заболева́ло, заболева́ли 生病 Сын заболе́л. 儿子生病了。	
почти́	[副词]几乎，差不多 Я почти́ забы́л об э́том. 这事件我几乎忘了。	
называ́ть	[未完成体]кого́-что 或 кого́-что кем-чем 变位：называ́ю, называ́ешь, называ́ет, называ́ем, называ́ете, называ́ют；过去时：называ́л, называ́ла, называ́ло, называ́ли//**назва́ть** [完成体]变位：назову́, назовёшь, назовёт, назовём, назовёте, назову́т；过去时：назва́л, назвала́, назва́ло, назва́ли 称作；说出 назва́ть сы́на Ива́ном 给儿子起名叫伊万 назва́ть у́лицу	

и́менем геро́я 这条街道冠以英雄的名字 назва́ть города́ 列举一些城市的名称 назва́ть живо́тных 说出动物名称

| наступи́ть | ［完成体］变位（第一、二人称不用）：насту́пит, насту́пят；过去时：наступи́л, наступи́ла, наступи́ло, наступи́ли // **наступа́ть** ［未完成体］变位（第一、二人称不用）：наступа́ет, наступа́ют；过去时：наступа́л, наступа́ла, наступа́ло, наступа́ли（某种时间）来临, 到来 Весна́ наступи́ла. 春天来了。 |

| продолжа́ть | ［未完成体］（接未完成体动词不定式）变位：продолжа́ю, продолжа́ешь, продолжа́ет, продолжа́ем, продолжа́ете, продолжа́ют；过去时：продолжа́л, продолжа́ла, продолжа́ло, продолжа́ли // **продо́лжить** ［完成体］что 变位：продо́лжу, продо́лжишь, продо́лжит, продо́лжим, продо́лжите, продо́лжат；过去时：продо́лжил, продо́лжила, продо́лжило, продо́лжили 继续 продолжа́ть рабо́тать 继续工作 продо́лжить учёбу 继续学习 |

| до́лжен | ［短尾］должна́, должно́, должны́ 应当, 应该 Студе́нты должны́ хорошо́ учи́ться. 大学生应该好好学习。 |

| вы́брать | ［完成体］кого́-что 变位：вы́беру, вы́берешь, вы́берет, вы́берем, вы́берете, вы́берут；过去时：вы́брал, вы́брала, вы́брало, вы́брали // **выбира́ть** ［未完成体］变位：выбира́ю, выбира́ешь, выбира́ет, выбира́ем, выбира́ете, выбира́ют；过去时：выбира́л, выбира́ла, выбира́ло, выбира́ли 选择；选举 вы́брать дру́га 择友 вы́брать профе́ссию 选择职业 выбира́ть ста́ршего по кла́ссу 选举班长 |

三、词汇重点

| беда́ | ［阴性］不幸；倒霉 С ним случи́лась беда́. 他发生了不幸。
［注意］беда́ 复数各格重音前移
［变格］单数：беда́, беды́, беде́, беду́, бедо́й, о беде́；复数：бе́ды, бед, бе́дам, бе́ды, бе́дами, о бе́дах |

| се́рдце | ［中性］心脏；内心；中心 проверя́ть се́рдце больно́го 检查病人心脏 горя́чее се́рдце 热心肠 до́брое се́рдце 善良的心 Пеки́н — се́рдце на́шей страны́. 北京是我们国家的心脏。
［注意］се́рдце 复数各格重音后移
［变格］单数：се́рдце, се́рдца, се́рдцу, се́рдце, се́рдцем, о се́рдце；复数：сердца́, серде́ц, сердца́м, сердца́, сердца́ми, о сердца́х |

| привы́кнуть | ［完成体］к чему́（或接未完成体动词不定式）变位：привы́кну, привы́кнешь, привы́кнет, привы́кнем, привы́кнете, привы́кнут；过去时：привы́к, привы́кла, привы́кло, привы́кли // **привыка́ть** ［未完成体］变位：привыка́ю, привыка́ешь, привыка́ет, привыка́ем, привыка́ете, привыка́ют；过去时：привыка́л, привыка́ла, привыка́ло, привыка́ли 习惯；学会 привы́к- |

	нуть к погóде 适应气候 привы́кнуть рáно вставáть 习惯早起 привы́кнуть приготáвливать обéд 学会做饭
	[注意] привы́кнуть 过去时特殊
сыр	[阳性] 干酪,乳酪 бутербрóд с сы́ром 夹奶酪的三明治
	[注意] сыр 的复数以-á 结尾,为сырá,复数各格重音后移
	[变格] 单数:сыр, сы́ра (сы́ру), сы́ру, сыр, сы́ром, о сы́ре;复数:сырá, сырóв, сырáм, сырá, сырáми, о сырáх
мёд	[阳性] 蜜,蜂蜜 чай с мёдом 蜂蜜茶
	[注意] мёд 第六格特殊,为 в медý
	[变格] 单数:мёд, мёда (мёду), мёду, мёд, мёдом, о мёде (в медý)
колбасá	[阴性] 灌肠,香肠,腊肠 бутербрóд с колбасóй 夹肠的三明治
	[注意] колбасá 复数各格重音前移
	[变格] 单数:колбасá, колбасы́, колбасé, колбасý, колбасóй, о колбасé;复数:колбáсы, колбáс, колбáсам, колбáсы, колбáсами, о колбáсах
мáсло	[中性] 油,黄油 хлеб с мáслом 涂奶油的面包
	[注意] мáсло 复数各格(除第二格)重音后移
	[变格] 单数:мáсло, мáсла, мáслу, мáсло, мáслом, о мáсле;复数:маслá, мáсел, маслáм, маслá, маслáми, о маслáх
зуб	[阳性] 牙,齿 чи́стые зýбы 洁净的牙齿
	[注意] зуб 的复数第二、三、五、六格后重音后移
	[变格] 单数:зуб, зýба, зýбу, зуб, зýбом, о зýбе;复数:зýбы, зубóв, зубáм, зýбы, зубáми, о зубáх
порá	[阴性] 时候,时刻 рабóчая порá 工作时间 порá учёбы 学习时间 [用作谓语] 是……的时候了,该……了 Порá идти́ домóй. 该回家了。Порá на рабóту. 该上班了。 Дéтям порá спать. 孩子们该睡觉了。
	[注意] порá 的单数第四格和复数第一格重音前移
	[变格] 单数:порá, поры́, порé, пóру, порóй, о порé;复数:пóры, пор, порáм, пóры, порáми, о порáх

 四、词汇记忆

над	在……上方	above, above
пóсле	在……之后,以后	after, since
профéссия	职业	profession
бедá	不幸;倒霉	trouble, calamity
сéрдце	心脏;内心;中心	heart; center
спортсмéн	运动员	sportsman
дипломáт	外交官;外交家	diplomat
тéннис	网球(运动)	tennis
баскетбóл	篮球(运动)	basketball

волейбо́л	排球(运动)	volleyball
бутербро́д	(夹奶油、火腿、腊肠等的)面包片	slice of bread and butter; sandwich
сыр	干酪,乳酪	cheese
лимо́н	柠檬树,柠檬	lemon
мёд	蜜,蜂蜜	honey
колбаса́	灌肠,香肠,腊肠	sausage
ма́сло	油,黄油	butter
пробле́ма	(需解决、研究的)复杂问题,课题;难题	problem
зуб	牙,齿	tooth
перево́дчик	翻译工作者,翻译	translator
тре́нер	教练员	trainer, coach
бизнесме́н	商人	businessman
би́знес	生意	business
се́вер	北,北面;北方	north
пора́	时候,时刻;是……的时候了,该……了	time; it is time
интересова́ться	对……感兴趣,关心	to be interested
случа́ться// случи́ться	发生	to happen
привыка́ть// привы́кнуть	习惯;学会	to get into the habit (of); to get accustomed (to), to get used (to)
умыва́ться// умы́ться	洗脸	wash (oneself)
станови́ться// стать	站起;开始;成为	to stand; to beging; to become
открыва́ть// откры́ть	打开;开办;开始	to open
сове́товать// посове́товать	建议	to advise
е́здить	(乘车、船等)来往,经常去(某处)	to go (in or on a vehicle)
заболева́ть// заболе́ть	生病	to fall ill, fall sick
называ́ть// назва́ть	称作;说出	to call; to name
наступа́ть// наступи́ть	(某种时间)来临,到来	to come, begin
продолжа́ть// продо́лжить	继续	to continue, go on
выбира́ть// вы́брать	选择;选举	to choose, select
деся́тый	第十	tenth
хими́ческий	化学的	chemical
театра́льный	戏剧的,舞台的	theatre, theatrical
холо́дный	冷的;冷淡的,无情的	cold, cool
со́бственный	私人的;自己的	(one's) own

должен	应当,应该	must, have to
опять	又,再,再一次	again
однажды	有一天	once, one day
тяжело	重;觉得困难,吃力;痛苦	seriously, gravely; it is heavy
почти	几乎,差不多	almost, nearly
может быть	也许,可能	it is possible

 五、词汇造句

случаться//случиться	[未//完成体]发生
	С ним случилась беда. 他发生了不幸。
	Эта история случилась на дороге. 这事发生在路上。
привыкать//привык-нуть	[未//完成体]к чему(或接未完成体动词不定式)习惯;学会
	Школьники привыкли рано вставать. 学生们习惯早起了。
	Рабочие привыкли к погоде. 工人们适应了天气。
	Дети привыкли сами выполнять домашние задания. 孩子们学会了自己做家庭作业。
умываться//умыться	[未//完成体]洗脸
	В деревне зимой люди умываются холодной водой. 在农村人们冬天用冷水洗脸。
становиться//стать	[未//完成体]кем-чем 站起;开始;成为
	Мальчик стал на руки. 小孩拿大顶(双手触地倒立)。
	На улице становится холодно. 天气开始变凉。
	Ребёнок стал ходить. 小孩已经开始走路了。
	После университета брат стал врачом. 大学毕业后弟弟当了医生。
открывать//открыть	[未//完成体]что 打开;开办;开始
	Ученики открыли учебник. 学生们打开了教科书。
	Друзья октрыли фирму. 朋友们办了一家公司。
	Директор школы открыл собрание. 校长宣布开会。
советовать//посоветовать	[未//完成体]кому 建议
	Преподаватель советует студентам читать на иностранных языках. 老师建议学生们读外文书。
	Врач посоветовал больному гулять. 医生建议病人要散步。
ездить	[未完成体//不定向](乘车、船等)来往,经常去(某处)
	Каждый день я езжу на автобусе на работу. 每天我乘公共汽车上班。
называть//назвать	[未//完成体]кого-что кем-чем 称作;说出
	Мать назвала дочь Наташей. 母亲给女儿起名叫娜塔莎。
	Я своими ушами слышал, что учитель назвал твоё имя. 我亲

	耳听到老师提到了你的名字。
продолжа́ть// продол-жи́ть	[未//完成体]（未完成体后接未完成体动词不定向，完成体接名词第四格）继续
	Я продолжа́ю рабо́тать на заво́де. 我继续在工厂工作。
	Мы продо́лжили разгово́р. 我们继续交谈。
мо́жет быть	[插入语]也许，可能
	Мо́жет быть, вы заболе́ли. 你可能生病了。
пора́	[用作谓语]是……的时候，该……了
	Пора́ обе́дать. 该吃饭了。
	Пора́ сдава́ть тетра́ди. 该交作业了。
	Уже́ пора́, ина́че опозда́ем. 到时间了，不然要迟到了。
до́лжен	[短尾]应当，应该
	Мы должны́ чита́ть Пу́шкина. 我们应该读普希金的作品。
	Дочь должна́ занима́ться спо́ртом. 女儿应该锻炼身体。

第十八课

一、词汇导读

本课学习名词复数第五格。有些名词的复数第五格形式特殊,需记住:люди — людьми́, де́ти — детьми́, дочь — дочерьми́(或 дочеря́ми), мать — матеря́ми, и́мя — имена́ми, вре́мя — времена́ми 等。

到本课为止,我们已经学完了名词、形容词、人称代词的单复数六个格,动词的过去时、现在时、将来时,我们已经领教了俄语词汇的复杂变化。因此,要想掌握俄语,必须熟练记住俄语丰富的词形变化。

二、词汇注释

иска́ть	[未完成体]кого́-что 或 чего́(抽象名词)变位:ищу́, и́щешь, и́щет, и́щем, и́щете, и́щут;过去时:иска́л, иска́ла, иска́ло, иска́ли 找,寻找;寻求 иска́ть ребёнка 找小孩 иска́ть сча́стья 寻找幸福 иска́ть по́мощи 寻找帮助
путеше́ствие	[中性]旅游,游览,旅行 отпра́виться в путеше́ствие по стране́ 去全国旅游 верну́ться из путеше́ствия по Евро́пе 欧洲旅行回来
	[变格]单数:путеше́ствие, путеше́ствия, путеше́ствию, путеше́ствие, путеше́ствием, о путеше́ствии
бежа́ть	[未完成体//定向]变位:бегу́, бежи́шь, бежи́т, бежи́м, бежи́те, бегу́т;过去时:бежа́л, бежа́ла, бежа́ло, бежа́ли 跑,急着去 бежа́ть на́ реку 跑到河边 бежа́ть на ле́кцию 急着上课
бе́гать	[未完成体//不定向]变位:бе́гаю, бе́гаешь, бе́гает, бе́гаем, бе́гаете, бе́гают;过去时:бе́гал, бе́гала, бе́гало, бе́гали 跑 бе́гать на стадио́не 在操场跑步
лете́ть	[未完成体//定向]变位:лечу́, лети́шь, лети́т, лети́м, лети́те, летя́т;过去时:лете́л, лете́ла, лете́ло, лете́ли 飞 лете́ть на се́вер 向北飞
лета́ть	[未完成体//不定向]变位:лета́ю, лета́ешь, лета́ет, лета́ем, лета́ете, лета́ют;过去时:лета́л, лета́ла, лета́ло, лета́ли 飞 лета́ть на вертолёте 乘直升机
ча́йка	[阴性]海鸥 Ча́йка лета́ет над мо́рем. 海鸥在海上飞。
	[变格]单数:ча́йка, ча́йки, ча́йке, ча́йку, ча́йкой, о ча́йке;复数:ча́йки, ча́ек, ча́йкам, ча́ек, ча́йками, о ча́йках
опа́здывать	[未完成体]变位:опа́здываю, опа́здываешь, опа́здывает, опа́здываем, опа́здываете, опа́здывают;过去时:опа́здывал, опа́здывала, опа́здывало, опа́здывали//опозда́ть [完成体]变位:опозда́ю, опозда́ешь, опозда́ет, опо-

здаем, опоздает e, опоздают；过去时：опоздал, опоздала, опоздало, *опоздáли*迟到，误点，未赶上 опоздáть на занятие 上课迟到 опоздáть на поезд 没赶上火车

туда́	[副词]	往那里，往那边 идти́ туда́ 向那边走
второ́й	[数词]	*вторая*, *второе*, *вторые* 第二 второ́й моско́вский хими́ческий заво́д 莫斯科第二化工厂
четвёртый	[数词]	*четвёртая*, *четвёртое*, *четвёртые* 第四 четвёртый трамва́й 四路有轨电车
пя́тый	[数词]	*пятая*, *пятое*, *пятые* 第五 пя́тая сре́дняя шко́ла 五中
шесто́й	[数词]	*шестая*, *шестое*, *шестые* 第六 шесто́й тролле́йбус 六路无轨电车
седьмо́й	[数词]	*седьмая*, *седьмое*, *седьмые* 第七 купи́ть седьму́ю гита́ру 买了第七把吉他
восьмо́й	[数词]	*восьмая*, *восьмое*, *восьмые* 第八 восьмо́й день 第八天
девя́тый	[数词]	*девятая*, *девятое*, *девятые* 第九 девя́тый авто́бус 九路公共汽车
пешко́м	[副词]	步行 ходи́ть пешко́м 步行
недалеко́	[副词]	不远 недалеко́ от це́нтра го́рода 离市中心不远
автомоби́ль	[阳性]	汽车 со́бственный автомоби́ль 自己的汽车
	[变格]	单数：*автомоби́ль, автомоби́ля, автомоби́лю, автомоби́ль, автомоби́лем, об автомоби́ле*；复数：*автомоби́ли, автомоби́лей, автомоби́лям, автомоби́ли, автомоби́лями, об автомоби́лях*
велосипе́д	[阳性]	自行车 е́здить на велосипе́де 骑自行车
	[变格]	单数：*велосипе́д, велосипе́да, велосипе́ду, велосипе́д, велосипе́дом, о велосипе́де*；复数：*велосипе́ды, велосипе́дов, велосипе́дам, велосипе́ды, велосипе́дами, о велосипе́дах*
зоопа́рк	[阳性]	动物园 е́хать на велосипе́де в зоопа́рк 骑自行车去动物园
	[变格]	单数：*зоопа́рк, зоопа́рка, зоопа́рку, зоопа́рк, зоопа́рком, о зоопа́рке*；复数：*зоопа́рки, зоопа́рков, зоопа́ркам, зоопа́рки, зоопа́рками, о зоопа́рках*
при́город	[阳性]	市郊 моско́вские при́городы 莫斯科郊区 жить в при́городе 住在郊外
	[变格]	单数：*при́город, при́города, при́городу, при́город, при́городом, о при́городе* 复数：*при́городы, при́городов, при́городам, при́городы, при́городами, о при́городах*
кани́кулы	[复数]	(学校的)假期，假 в ле́тние кани́кулы 在暑假 на зи́мних кани́кулах 在寒假
	[变格]	复数：*кани́кулы, кани́кул, кани́кулам, кани́кулы, кани́кулами, о кани́кулах*
со́лнце	[中性]	太阳；阳光 о́стров Со́лнца 太阳岛 мно́го со́лнца в ко́мнате 房间里阳光充足
	[变格]	单数：*со́лнце, со́лнца, со́лнцу, со́лнце, со́лнцем, о со́лнце*
пляж	[阳性]	浴场 на пля́же 在浴场
	[变格]	单数：*пляж, пля́жа, пля́жу, пляж, пля́жем, о пля́же*
прия́тный	[形容词]	*прия́тная, прия́тное, прия́тные* 愉快的 прия́тный разгово́р 愉快的

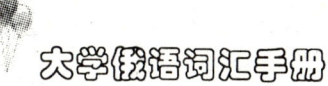

谈话

смéлый	[形容词]	смéлая, смéлое, смéлые 勇敢的 смéлый юноша 勇敢的少年
вы́звать	[完成体]	когó-что 变位：вы́зову, вы́зовешь, вы́зовет, вы́зовем, вы́зовете, вы́зовут；过去时：вы́звал, вы́звала, вы́звало, вы́звали//**вызывáть**[未完成体]变位：вызывáю, вызывáешь, вызывáет, вызывáем, вызывáете, вызывáют；过去时：вызывáл, вызывáла, вызывáло, вызывáли 唤出，叫来；号召；引起 вы́звать роди́телей в шкóлу 叫家长到学校 вы́звать врачá нá дом 请医生到家里出诊
вертолёт	[阳性]	直升飞机 летáть на вертолёте 乘坐飞机
	[变格]	单数：вертолёт, вертолёта, вертолёту, вертолёт, вертолётом, о вертолёте；复数：вертолёты, вертолётов, вертолётам, вертолёты, вертолётами, о вертолётах
дуть	[未完成体]	变位：дýю, дýешь, дýет, дýем, дýете, дýют；过去时：дул, дýла, дýло, дýли 吹，刮 Дýет вéтер с ю́га. 刮南风。
си́льный	[形容词]	си́льная, си́льное, си́льные 力气大的，强健有力的；猛烈的 си́льный снег 大雪 си́льный вéтер 大风
тогдá	[副词]	那时候；那么，于是 Тогдá я был мáльчиком. 那时候我还小。
дорóга	[阴性]	道路 бежáть по дорóге 在路上奔跑
	[变格]	单数：дорóга, дорóги, дорóге, дорóгу, дорóгой, о дорóге；复数：дорóги, дорóг, дорóгам, дорóги, дорóгами, о дорóгах
мéлкий	[形容词]	мéлкая, мéлкое, мéлкие 小的；浅的 мéлкая рекá 浅的小河
éсли	[连接词]	如果，假如，要是
боя́ться	[未完成体]	когó-чегó 变位：бою́сь, бои́шься, бои́тся, бои́мся, бои́тесь, боя́тся；过去时：боя́лся, боя́лась, боя́лось, боя́лись 害怕，怕；担心 боя́ться нóчи 害怕黑夜 боя́ться си́льного вéтра 害怕刮大风
мешáть	[未完成体]	комý-чемý 变位：мешáю, мешáешь, мешáет, мешáем, мешáете, мешáют；过去时：мешáл, мешáла, мешáло, мешáли 妨碍；影响 мешáть мне рабóтать 影响我工作
пóмощь	[阴性]	帮助，救援 попроси́ть пóмощь 求助 пóмощь ученикáм 帮助同学
	[变格]	变格：пóмощь, пóмощи, пóмощи, пóмощь, пóмощью, о пóмощи
вóвремя	[副词]	及时 вóвремя прийти́ 及时到达
то	[连接词]	那么

三、词汇重点

трéтий	[数词]	трéтья, трéтье, трéтьи 第三 на трéтьем кýрсе 在三年级
	[注意]	трéтий 变格特殊
произойти́	[完成体]	变位：произойдý, произойдёшь, произойдёт, произойдём, произойдёте, произойдýт；过去时：произошёл, произошлá, произошлó, произошли́//**происходи́ть**[未完成体]变位：происхожý, происхóдишь, происхó-

	дит，происхо́дим，происхо́дит е，происхо́дят；过去时：происходи́л，*происходи́ла，происходи́ло，происходи́ли* 发生；起源 Эта исто́рия произошла́ на ю́ге. 这件事发生在南方。	
	[注意] произойти́ 的过去时特殊	
о́стров	[阳性] 岛 на о́строве Со́лнца 在太阳岛上	
	[注意] о́стров 的复数以-а́ 结尾，为острова́，复数各格重音后移	
	[变格] 单数：*о́стров，о́строва，о́строву，о́стров，о́стровом，об о́строве*；复数：*острова́，острово́в，острова́м，острова́，острова́ми，об острова́х*	
бе́рег	[阳性] 岸，岸边 стоя́ть на берегу́ мо́ря 站在海边 гуля́ть по бе́регу реки́ 在河边散步	
	[注意] бе́рег 单数第六格特殊，为 на берегу́；复数以-а́ 结尾，为берега́，复数各格重音后移	
	[变格] 单数：*бе́рег，бе́рега，бе́регу，бе́рег，бе́регом，о бе́реге（на берегу́）*；复数：*берега́，берего́в，берега́м，берега́，берега́ми，о берега́х*	
ве́тер	[阳性] 风 си́льный ве́тер 大风	
	[注意] ве́тер 变格时-е-脱落，单数第六格为 на ветру́	
	[变格] 单数：*ве́тер，ве́тра，ве́тру，ве́тер，ве́тром，о ве́тре（на ветру́）*；复数：*ве́тры，ве́тров，ве́трам，ве́тры，ве́трами，о ве́трах*	
рыба́к	[阳性] 渔民 сме́лый рыба́к 勇敢的渔民	
	[注意] рыба́к 变格时重音后移	
	[变格] 单数：*рыба́к，рыбака́，рыбаку́，рыбака́，рыбако́м，о рыбаке́*；复数：*рыбаки́，рыбако́в，рыбака́м，рыбако́в，рыбака́ми，о рыбака́х*	

四、词汇记忆

второ́й	第二	second
тре́тий	第三	third
четвёртый	第四	fourth
пя́тый	第五	fifth
шесто́й	第六	sixth
седьмо́й	第七	seventh
восьмо́й	第八	eighth
девя́тый	第九	ninth
прия́тный	愉快的	nice, pleasant
сме́лый	勇敢的	bold, audacious, daring
си́льный	力气大的,强健有力的；猛烈的	strong, powerful
ме́лкий	小的；浅的	small; shallow
путеше́ствие	旅游,游览,旅行	journey, trip
ча́йка	海鸥	sea gull
автомоби́ль	汽车	autocar, motor vehicle

велосипе́д	自行车	bicycle
зоопа́рк	动物园	zoo
при́город	市郊	suburb
кани́кулы	(学校的)假期,假	holidays, vacation
со́лнце	太阳;阳光	sun
пляж	浴场	beach
о́стров	岛	island
бе́рег	岸,岸边	waterside, shore
вертолёт	直升飞机	helicopter
ве́тер	风	wind
рыба́к	渔民	fisherman
доро́га	道路	road, way
по́мощь	帮助,救援	help, assistance
иска́ть	找,寻找;求	to look for
бежа́ть	跑,急着去(定向)	to run
бе́гать	跑(不定向)	to run
лете́ть	飞(定向)	to fly
лета́ть	飞(不定向)	to fly
опа́здывать//опозда́ть	迟到,误点,未赶上	to be late
происходи́ть//произойти́	发生;起源	to happen, occur, take place; to come (from, of), be descended (from)
вызыва́ть//вы́звать	唤出,叫来;号召;引起	to call (out); to send for; to provoce, arouse
дуть	吹,刮	to blow
боя́ться	害怕,怕;担心	to be afraid
меша́ть	妨碍;影响	to hinder; to disturb
туда́	往那里,往那边	there, that way
пешко́м	步行	on foot
недалеко́	不远	near, nearby
тогда́	那时候;那么,于是	then; while
во́время	及时	in time, on time
е́сли	如果,假如,要是	if
то	那么	then, so

 五、词汇造句

иска́ть　　　　[未完成体] *что* 或 *чего́* 找,寻找;寻求

Я ищу́ люби́мую де́вушку по всему́ го́роду. 我满城寻找喜欢的女孩。
Мы всю жизнь и́щем сча́стья. 我们一生都在寻找幸福。

бежа́ть	[未完成体//定向] 跑，急着去	

Я опа́здываю на заня́тие, и поэ́тому бегу́. 我上课要迟到了，因此跑着去。

Маши́на бежи́т по доро́ге. 汽车在路上飞驰。

Вре́мя бежи́т. 时光飞逝。

Мои́ часы́ бегу́т. 我的表走得快。

бе́гать　[未完成体//不定向] 跑

Де́ти бе́гают на пло́щади. 孩子们在广场上跑来跑去。

В про́шлом году́ Аня была́ ещё в де́тском саду́, а тепе́рь уже́ бе́гает в шко́лу. 阿尼娅去年还上幼儿园，如今已经上学了。

По у́лице бе́гают автомоби́ли и тролле́йбусы. 街上各种汽车和无轨电车往来奔跑。

лете́ть　[未完成体//定向] 飞

О́сенью пти́цы летя́т на юг. 秋天鸟儿飞向南方。

Вре́мя лети́т. 时光飞逝。

лета́ть　[未完成体//不定向] 飞

Ча́йка лета́ет над мо́рем. 海鸥在海面飞翔。

опа́здывать// опозда́ть　[未//完成体] 迟到，误点，未赶上

Ка́ждый день он опа́здывает на уро́к. 每天他上课都迟到。

По́езд опозда́л. 火车晚点了。

Сего́дня у́тром я встал по́здно, и поэ́тому опозда́л на по́езд. 今天我起晚了，因此没赶上火车。

происходи́ть// произойти́　[未//完成体] 发生；起源

Что с ва́ми произошло́? 您怎么啦?

Произошла́ беда́. 发生了不幸。

Э́та исто́рия произошла́ на ю́ге. 这件事发生在南方。

Как произошёл челове́к? 人是怎样起源的？

вызыва́ть// вы́звать　[未//完成体] *кого́-что* 唤出，叫来；号召；引起

Сын заболе́л, и оте́ц вы́звал врача́ на́ дом. 儿子病了，父亲请医生到家里出诊。

Учи́тель вы́звал ученико́в на по́мощь больно́му. 老师号召学生们帮助病人。

Э́ти слова́ вы́звали смех в за́ле. 这些话惹得大厅里的人都笑了。

боя́ться　[未完成体] *кого́-чего́* 害怕，怕；担心

Де́ти боя́тся живо́тных. 孩子们害怕动物。

Ма́льчик бои́тся но́чи. 小孩害怕黑夜。

Я бою́сь вам помеша́ть. 我害怕妨碍您。

меша́ть　[未完成体] *кому́-чему́* 妨碍；影响

Де́ти меша́ют нам отдыха́ть. 孩子们不让我们休息。

Шко́льники меша́ют рабо́те учи́теля. 学生们打搅老师工作。

éсли [连接词]如果，假如，要是

Если вы боитесь сильного снега, то сидите дома. 如果你害怕下大雪，就别出门。

Если завтра будет хорошая погода, мы поедем на экскурсию на Великую Китайскую стену. 如果明天天气好，我们就去爬长城。

附录 I 第一册词汇测试

把括号里的词变成适当形式，如果需要加上前置词。（每题2分，共100分）

1. _____（Поезд）отправляются в разные города.
2. _____（Летние каникулы）ученики отдыхают на море.
3. Дом находится _____（берег）реки.
4. Каждый день аспирант ездит в институт _____（метро）.
5. На площади стоят большие _____（дерево）.
6. Сын заболел, родители вызвали _____（врачи）на дом.
7. Друг пригласил _____（соседи）на спектакль.
8. _____（Сон）я увидел родителей.
9. Бабушка отдыхает _____（сад）.
10. Мне нравится салат _____（огурцы）.
11. Завтра у нас не будет _____（собрания）.
12. Известные _____（профессор）читают лекции по русской литературе.
13. _____（Мой）коллега Антон хорошо переводит статью.
14. _____（Птичий рынок）дети купили птицу.
15. Мой младший брат учится _____（третий курс）.
16. На факультете работает две _____（преподавательница）.
17. В этой группе учится пять _____（китаец）.
18. Сегодня я встал в семь _____（час）утра.
19. Сейчас ноль _____（час）.
20. Каждое воскресенье мальчик _____（вставать）рано.
21. В прошлом году брату уже _____（исполниться）21 год.
22. Пора _____（сдавать）экзамены.
23. Мне _____（понравиться）музыка в детстве.
24. Послезавтра друг _____（прийти）к нам в гости.
25. Завтра студенты обязательно _____（сдать）экзамен.
26. Сестра _____（хотеть）отправиться в путешествие по стране.
27. Каждый день отец занимается _____（спорт）.
28. В университете Андрей учится _____（русский язык）.
29. Сестра интересуется _____（история）.
30. Этот костюм _____（я）идёт.
31. После университета он стал _____（переводчик）.
32. Мальчик боится _____（мать）.

33. Преподаватель посоветовал _____ (студенты) читать на русском языке.
34. Дедушка любит умываться _____ (холодная вода).
35. Володя пишет _____ (красный карандаш).
36. Отец преподаёт _____ (геология) на геологическом факультете.
37. Студенты передали _____ (профессор) привет.
38. Вам нужно позвонить _____ (директор) фирмы.
39. Дети мешают _____ (сестра) работать.
40. Друзья подарили _____ (я) книгу на день рождения.
41. Профессор хорошо играет _____ (гитара).
42. Школьники помогают _____ (друг друга).
43. Мы понимаем _____ (друг друга).
44. В этом году _____ (дочь) исполнилось 5 лет.
45. В студенческие годы я познакомился с их _____ (муж).
46. Он работает _____ (врач) в детской поликлинике.
47. Дети уже привыкли _____ (холодная погода).
48. Друзья играют _____ (футбол).
49. Люди верят _____ (правда).
50. _____ (Вы) надо хорошо учиться.

参考答案：

1. Поезда
2. В летние каникулы
3. на берегу
4. на метро
5. деревья
6. врачей
7. соседей
8. Во сне
9. в саду
10. из огурцов
11. собраний
12. профессора
13. Мой
14. На птичьем рынке
15. на третьем курсе
16. преподавательницы
17. китайцев
18. часов
19. часов
20. встаёт
21. исполнился
22. сдавать
23. понравилась
24. придёт
25. сдадут
26. хочет
27. спортом
28. русскому языку
29. историей
30. мне
31. переводчиком
32. матери
33. студентам
34. холодной водой
35. красным карандашом
36. геологию
37. профессору
38. директору
39. сестре
40. мне
41. на гитаре
42. друг другу
43. друг друга
44. дочери
45. мужьями
46. врачом
47. к холодной погоде
48. в футбол
49. в правду
50. Вам

附录 II 第一册词汇表

А

а	而	but (or not translated)	(1)
август	八月	August	(8)
автобус	公共汽车	bus	(3)
автомобиль	汽车	autocar, motor vehicle	(18)
автомобильный	汽车的	vehicular	(无)
адрес	地址	address	(6)
Азия	亚洲	Asia	(7)
алло	喂！（打电话时招呼用语）	hello!	(7)
Америка	美国,美洲	America	(13)
американский	美国的,美洲的	American	(11)
ананас	菠萝	pineapple	(2)
английский	英国的;英语的	British;English	(10)
аппарат	仪器	apparatus, appliance	(13)
апрель	四月	April	(8)
артист/артистка	演员（阳/阴）	artist	(13)
аспирант/аспирантка	研究生（阳/阴）	post-graduate student	(12)
аудитория	（大学）教室	auditorium, lecture-hall	(6)

Б

бабушка	祖母,外祖母	grandmother	(5)
Баку	巴库	Baku	(3)
балет	芭蕾舞	ballet	(11)
банан	香蕉	banana	(3)
банк	银行	bank	(3)
бар	酒吧	bar	(3)
баскетбол	篮球（运动）	basketball	(17)
бассейн	游泳池	swimming pull	(13)
бегать	跑(未,不定向)	to run	(18)
беда	不幸;倒霉	trouble, calamity	(17)
бежать	跑(未,定向)	to run	(18)

без	没有,不带	without	(15)
бéрег	岸,岸边	waterside, shore	(18)
библиотéка	图书馆	library	(7)
бúзнес	生意	business	(17)
бизнесмéн	商人	businessman	(17)
билéт	票;证	ticket; card	(13)
блог	博客	blog	(11)
болéть	疼,痛(未)	to ache, hurt	(13)
больнúца	医院	hospital	(10)
больнóй	有病的	ill, sick	(10)
бóльше всегó	最	most	(14)
большóй	大的	big, large	(9)
боя́ться	害怕,怕;担心(未)	to be afraid	(18)
брат	兄弟	brother	(3)
брать//взять	拿;带着;买	to take; to get, obtain; to buy	(12)
брю́ки	裤子	trousers	(7)
бýдьте добры́	劳驾	please	(15)
бýква	字母	letter (of the alphabet)	(3)
бумáга	纸;文件,手稿	paper	(15)
бутербрóд	(夹奶油、火腿、腊肠等的)面包	slice of bread and butter; sandwich	(17)
буфéт	小卖部	buffet, snack bar	(6)
быть	在;有;是	to be	(9)

В

в	向,往,到……里;在……里	into, to; in, at	(5)
вáза	花瓶	vase, bowl	(3)
ваш	你们的;您的	your	(4)
ведь	要知道,因为	as, because	(16)
велúкий	大的,伟大的	great, grand	(9)
велосипéд	自行车	bicycle	(18)
вéрить	相信,坚信	to believe, trust	(16)
вернýться	回来,回到(完)	to return	(13)
вертолёт	直升飞机	helicopter	(18)
вéсело	愉快地;高兴,快活	gaily, merrily	(15)
весёлый	快乐的	cheerful, merry	(10)
веснá	春天	spring	(6)
веснóй	(在)春天	in spring	(6)
весь	全部,整个	all	(9)
вéтер	风	wind	(18)

вéчер	晚上;晚会	evening; evening party	(12)
вечéрний	晚上的;参加晚会穿的	evening	(10)
вечéрнее плáтье	(女士穿的)晚礼服	evening dress	(11)
вéчером	(在)晚上	in the evening	(6)
видеофúльм	影视剧	videofilm	(10)
вúдеть//увúдеть	看见	to see	(9)
висéть	悬挂(未)	to hang	(13)
вкýсно	好吃,可口	deliciously	(7)
Владивостóк	符拉迪沃斯托克(海参崴)	Vladivostok	(15)
вмéсте	在一起	together	(9)
вóвремя	及时	in time, on time	(18)
водá	水;饮料;水域	water; the waters	(10)
вокзáл	火车站	railway station	(4)
Волгогрáд	伏尔加格勒	Volgograd	(11)
волейбóл	排球(运动)	volleyball	(17)
вопрóс	问题	question	(7)
восемнáдцать	十八	eighteen	(14)
вóсемь	八	eight	(7)
вóсемьдесят	八十	eighty	(16)
воскресéнье	星期日	Sunday	(7)
восьмóй	第八	eighth	(18)
вот	这就是,你看	here (is), there (is)	(3)
врач	医生	doctor, physician	(5)
врéмя	时间	time	(6)
всегдá	永远;总是	always	(12)
вспоминáть//вспóмнить	回忆起,想起	to remember, recall	(9)
вставáть//встать	起来,起床	to get up	(8)
встречáть//встрéтить	遇见;迎接	to weet, to meet with; to celebrate	(11)
втóрник	星期二	Tuesday	(5)
второй	第二	second	(18)
вуз	大学	institution of higher education	(3)
вход	入口	entrance	(3)
вчерá	昨天	yesterday	(5)
вы	你们,您	you	(3)
выбирáть//вы́брать	选择;选举	to choose, select	(17)
вызывáть//вы́звать	唤出,叫来;号召;引起	to call (out); to send for; to provoce, arouse	(18)
выполня́ть//вы́пол-	完成,执行	to carry out; to fulfil	(12)

нить			
высо́кий	高的	high, tall	(11)
вы́ставка	展览;展览会	show; exhibition	(3)
выходно́й	休息的,休假的	day off	(9)

Г

газ	天然气	gas	(3)
газе́та	报纸	newspaper	(7)
галере́я	走廊,回廊	gallery	(15)
Третьяко́вская галере́я	特列季亚科夫美术馆	Tretyakov gallery	(15)
га́лстук	领带	tie	(9)
где	在哪儿	where	(5)
гео́лог	地质学家	geologist	(13)
геологи́ческий	地质学的	geological	(13)
геоло́гия	地质学	geology	(13)
геро́й/герои́ня	英雄;主人公(阳/阴)	hero; character	(11)
гита́ра	吉他	guitar	(9)
говори́ть//сказа́ть	说	to speak, talk	(6)
год	年,一年;年代;岁数	year	(11)
голова́	头	head	(13)
гора́	山	mountain, hill	(3)
го́род	城市	city	(3)
городо́к	小城市;镇	small town	(14)
городско́й	城市的;市立的	urban; city, municipal	(10)
горя́чий	热的;热烈的	hot; warm	(10)
гость/го́стья	客人(阳/阴)	guest	(5)
гру́ппа	大学的班级;小组	group	(3)
гру́ша	梨	pear	(4)
гуля́ть	散步(未)	to walk	(9)

Д

да	是的	yes	(3)
дава́ть//дать	提供,给	to give	(15)
давно́	很早以前,早就;很久	long ago; for a long time	(9)
да́же	甚至	even	(10)
далеко́	远	far from, far away	(13)
дари́ть//подари́ть	赠送	to give	(15)
два	二	two	(14)
два́дцать	二十	twenty	(14)

· 125 ·

двенáдцать	十二	twelve	(14)
дворéц	宫殿,馆	palace	(10)
дéвушка	姑娘	girl, miss	(5)
девянóсто	九十	ninety	(16)
девятнáдцать	十九	nineteen	(14)
девя́тый	第九	ninth	(18)
дéвять	九	nine	(6)
дéдушка	祖父,外祖父	grandfather	(5)
дежу́рный	值日生;值日的	man on duty; on duty	(11)
декáбрь	十二月	December	(8)
декáн	系主任	dean (of university)	(11)
дéлать//сдéлать	做	to make, do	(5)
день	天,日子	day	(9)
дéньги	钱(复)	money	(7)
дерéвня	农村	village, country	(9)
дéрево	树	tree	(10)
деся́тый	第十的	tenth	(17)
дéсять	十	ten	(7)
дéти	孩子们	children	(5)
дéтский	儿童的	child's, children's	(10)
дéтство	童年	childhood	(10)
дипломáт	外交官;外交家	diplomat	(17)
дирéктор	厂长,经理,院长	director, manger	(13)
днём	白天	in the day-time, by day, in the afternoon	(5)
до свидáния	再见	good-bye	(7)
дóбрый	善良的;好的	kind; good	(10)
доклáд	报告	report	(12)
дóлго	长久地	long, (for) a long time	(15)
дóлжен	应当,应该	must, have to	(17)
дом	房子	house	(3)
дóма	在家里	at home	(3)
домáшний	家庭的	house, home, domestic	(10)
домóй	回家,往家里	home, homewards	(15)
Дон	顿河	Don	(3)
дорóга	道路	road, way	(18)
дорогóй	贵重的;宝贵的;亲爱的	expensive; costly; dear	(14)
дóчка	女儿	daughter	(5)
дочь	女儿	daughter	(13)
друг	朋友	friend	(3)

друг дру́га	互相	each other	(13)
друго́й	别的；不同的	other, another; different	(11)
дру́жный	友好的,和睦的	amicable, harmonious	(13)
ду́мать	认为,以为(未)	to think	(11)
дуть	吹,刮(未)	to blow	(18)
дя́дя	叔,舅,伯	uncle	(5)

E

Евро́па	欧洲	Europe	(4)
его́	他的,它的	his, its	(4)
её	她的,它的	her, its	(4)
е́здить	(乘车、船等)来往,经常去(某处)(未,不定向)	to go (in or on a vehicle)	(17)
е́сли	如果,假如,要是	if	(18)
е́хать	(乘车)去,来(未,定向)	to go (in or on a vehicle)	(7)
ещё	还	still, yet	(5)

Ё

| ёлка | 新年枞树 | fir(-tree), spruce | (4) |

Ж

жаль	遗憾,可惜；可怜	to pity, feel sorry (for); (it is) a pity, a chame	(9)
жа́рко	热	hot	(15)
ждать	等待,等(未)	to wait for	(9)
жена́	妻子	wife	(4)
же́нщина	女人	woman	(11)
живо́тное	动物	animal	(16)
жизнь	生活；生命	life	(9)
жить	住；生活(未)	to live	(5)
журна́л	杂志；记事簿	magazine; journal, diary	(7)
журнали́ст / журнали́стка	新闻记者(阳/阴)	journalist	(11)

З

за	由于,因为；到……后面,在……后面	for, because of; behind	(14)
заболева́ть // заболе́ть	生病	to fall ill, fall sick	(17)
забыва́ть // забы́ть	忘记；忽略	to forget	(14)
заво́д	工厂	factory, mill	(3)

завтра	明天	tomorrow	(7)
завтрак	早餐	breakfast	(3)
завтракать//позавтракать	吃早饭	to (have) breakfast	(8)
задание	作业；任务	task, job	(9)
заканчивать//закончить	完成,做完,结束	to end, finish	(16)
зал	大厅	hall	(12)
замечательный	特别好的,卓越的	remarkable, wonderful	(13)
заниматься	从事；学习(未)	to work (at, on); to study	(7)
занятие	课,课堂	lesson, class	(10)
занятый	忙,有事	busy (only short forms)	(14)
зарабатывать//заработать	挣得(工钱),挣钱	to earn, make money	(11)
звать//позвать	招呼,叫来；叫做	to ask; to call	(10)
звонить//позвонить	按铃,铃响；给……打电话	to ring up; to call, ring	(15)
здесь	这里	here	(7)
здорово	真好,真棒	good	(7)
здравствуй(те)	你(您)好	how do you do; how are you	(4)
зима	冬天	winter	(7)
зимний	冬天的；冬季用的	winter; wintry	(10)
Зимний дворец	冬宫	Winter Palace	(10)
зимой	(在)冬天	in winter	(7)
знакомиться//познакомиться	相识,结识；了解,熟悉	to make the acquaintance (of a person); to become acquainted (with), familiarze, to study	(13)
знакомый	熟悉的,知道的；熟人	familiar, know; friend, acquaintance	(15)
знаменитость	名人	famous person	(16)
знаменитый	著名的	celebrated, famous	(10)
знать	知道,了解,认识(未)	to know, have a knowledge of	(5)
зоопарк	动物园	zoo	(18)
зуб	牙,齿	tooth	(17)

И

и	和	and	(2)
игра	游戏；竞赛	game, play	(10)
играть//сыграть	玩耍,玩	to play	(5)
играть на гитаре	弹吉他	play guitar	(9)
идея	念头,主意	idea	(16)

идти́	走,步行	to go	(7)
из	自,从;从……里(往外)	from	(13)
изве́стный	著名的	well-known	(11)
извини́(те)	对不起	sorry	(11)
изуча́ть//изучи́ть	学习,研究	to learn, study	(7)
и́ли	或者	or	(10)
и́мя	名字	name	(5)
инжене́р	工程师	engineer	(4)
иностра́нец/иностра́нка	外国人(阳/阴)	foreigner	(14)
иностра́нный	外国的	foreign	(11)
институ́т	研究所,学院	institute, school	(5)
интере́сно	有趣地;很有意思	it is would be interesting	(15)
интере́сный	有趣的	interesting	(11)
интересова́ться	对……感兴趣,关心	to be interested	(17)
Интерне́т	因特网	Internet	(5)
Интерне́т-кафе́	网吧	Internet bar	(13)
иска́ть	找;寻求	to look for	(18)
иску́сство	艺术	art	(11)
исполня́ться//испо́лниться	实现;(年龄)满	to be fulfilled; expr. passage of time	(16)
истори́ческий	历史的	historical	(10)
исто́рия	历史;往事;故事	history; story; evert	(11)
их	他们的	their	(5)
ию́ль	七月	July	(7)
ию́нь	六月	June	(8)

К

к	向,朝;快到……的时候	to, towards	(15)
кабине́т	办公室,书房;研究室	office; laboratory	(14)
ка́ждый	每个,每	every, each	(10)
ка́жется	似乎,好像	it seems, seemed (to me)	(13)
как	如何,怎样	how	(2)
како́й	怎样的,什么样的;多么	what, how	(4)
календа́рь	日历	calendar	(8)
кани́кулы	(学校的)假期,假(复)	holidays, vacation	(18)
капу́ста	白菜	cabbage	(2)
каранда́ш	铅笔	pencil	(11)
ка́рта	地图;纸牌,扑克牌	map; (playing-) card	(13)
карти́на	画,图画,景像	picture	(12)

картóшка	土豆	potato	(4)
кáсса	收款台	cash-desk	(2)
кафé	咖啡馆,小吃店	cafe	(3)
квартúра	一套房间,(独户的)住房	flat, apartment	(10)
кефúр	酸奶	kefir	(12)
Кúев	基辅	Kiev	(7)
килогрáмм	公斤,千克	lilogram(me)	(16)
кинó	影院	cinema, movie theater	(7)
кинотеáтр	电影院	cinema, movie theater	(10)
кинофестивáль	电影节	film festival	(11)
китáец/китаянка	中国人(阳/阴)	the Chinese	(11)
Китáй	中国	China	(7)
китáйский	中国的	Chinese	(10)
класс	(中小学的)班;年级	class	(4)
клуб	俱乐部,活动中心	club	(14)
кнúга	书	book	(5)
кнúжный	书的	book	(12)
когдá	什么时候	when	(3)
колбасá	灌肠,香肠,腊肠	sausage	(17)
коллéга	同事,同行	colleague	(12)
кóмната	房间	room	(2)
композúтор	作曲家	composer	(14)
компьютер	电脑	computer	(6)
конéчно	当然	of course, certainly	(11)
конфéта	糖果	sweet	(6)
концéрт	音乐会	concert	(4)
кончáть//кóнчить	毕业;完成	to finish, end	(16)
коридóр	走廊	corridor	(16)
кóротко	简短地	briefly	(14)
кóрпус	(一大片楼房中的)一所楼房;躯体	building, block; body	(14)
космонáвт	宇航员	astronaut, cosmonaut, spaceman	(3)
кóсмос	宇宙	cosmos, outer space	(2)
костюм	服装;一套衣服	dress, clothes; suit	(11)
кот	猫	cat	(2)
котóрый	第几;(连接定语从句)那个	which; who (what)	(13)
кóфта	女短上衣	(woman's) jacket, cardigan	(3)
кóшка	猫,母猫	cat	(4)
красúвый	美丽的	beautiful, handsome	(7)
крáсный	红色的	red	(10)

кремль	（古俄罗斯城堡的）内墙	citadel	(9)
Кремль	克里姆林宫	the Kremlin	(9)
кроме того	除此之外，此外	besides, moreover	(10)
кто	谁	who	(2)
куда	到哪儿，去哪里	where	(15)
курица	鸡，母鸡	hen	(12)
курс	年级；课程	year (of a course of studies); course	(11)
кухня	厨房；膳食	kitchen, cookhouse; food	(5)

Л

лампа	灯	lamp	(4)
лёгкий	轻的；容易的	light; easy	(15)
легко	轻快地；容易	lightly; easily	(15)
лежать	平放，躺（未）	to lie	(9)
лекционный	讲演的	lecture	(14)
лекционный зал	讲演厅，阶梯教室	lecture-room	(14)
лекция	（大学的）讲课，讲座	lecture	(10)
ленинский	列宁的	Lenin's	(15)
летать	飞（未，不定向）	to fly	(18)
лететь	飞（未，定向）	to fly	(18)
летний	夏天的	summer, summery	(10)
лето	夏天	summer	(7)
летом	（在）夏天	in summer	(7)
ли	是否，吗	whether, if	(10)
лимон	柠檬树，柠檬	lemon	(17)
литература	文学	literature	(10)
лодка	船	boat	(4)
Лондон	伦敦	London	(11)
любимый	最受爱戴的，敬爱的	favourite, beloved	(14)
любить	爱（未）	to love, like	(7)

М

магазин	商店	shop, store	(7)
май	五月	May	(8)
маленький	小的	little, small	(10)
мало	少，不多	little, not much	(14)
малый	小的，小号的	little, small	(15)
Малый театр	小剧院	The Maly Theatre	(15)
мальчик	男孩	boy	(7)

ма́ма	妈妈	mum	(1)
март	三月	March	(8)
ма́сло	油,黄油	butter	(17)
матема́тика	数学	mathematics	(9)
мать	母亲	mother	(5)
маши́на	机器,小汽车	machine; car	(4)
МГУ	国立莫斯科大学	Moscow State University	(13)
мёд	蜜,蜂蜜	honey	(17)
медици́нский	医学的	medical	(10)
междунаро́дный	国际的	international	(11)
ме́лкий	小的;浅的	small; shallow	(18)
ме́сто	地方;座位	place; site	(10)
ме́сяц	月	month	(7)
метро́	地铁	metro, subway	(5)
мечта́ть	幻想,向往	to dream (of, about)	(7)
меша́ть//помеша́ть	妨碍;影响	to hinder; to disturb	(18)
ми́лый	可爱的;亲爱的	dear, lovely	(14)
мину́та	分钟,分	minute	(14)
мир	和平;世界	peace; world	(5)
мла́дший	年纪较小的	young, jonior	(10)
мно́го	很多,多	much, many	(6)
моби́льник	手机	mobile phone	(13)
мо́жет быть	也许,可能	it is possible	(17)
мо́жно	可以	can be	(12)
мой	我的	my	(4)
молодо́й	年轻的	young	(10)
молоко́	牛奶	milk	(4)
мо́ре	大海	sea	(6)
Москва́	莫斯科	Moscow	(3)
москви́ч/москви́чка	莫斯科人(阳/阴)	Muscovite	(10)
моско́вский	莫斯科的	Moscow	(10)
мост	桥	bridge	(2)
мочь//смочь	能,能够,可能	to be able	(12)
муж	丈夫	husband	(4)
мужчи́на	男人	man	(11)
музе́й	博物馆	museum	(7)
му́зыка	音乐	music	(3)
музыка́льный	音乐的	musical	(13)
музыка́нт	音乐家	musician	(3)
мы	我们	we	(4)

| мя́со | 肉 | meat | (5) |

Н

на	往,向……上面;在……上(面)	on (to); into	(4)
наве́рное	大概	probaly, most likely	(14)
над	在……上方	over, above	(17)
на́до	应该,应当	it is necessary; one must	(15)
называ́ть//назва́ть	称作;说出	to call; to name	(17)
наконе́ц	最后,终于	at last, finally	(15)
наро́дный	民间的;人民的	folk; national	(11)
наступа́ть//наступи́ть	(某种时间)来临,到来	to come, begin	(17)
находи́ться	在,位于,处在(某种状态)	to be (situated)	(12)
наш	我们的	our	(4)
не	不	not	(5)
небольшо́й	不大的	small, not great	(10)
неда́вно	不久	recently	(10)
недалеко́	不远	near, nearby	(18)
неде́ля	星期,周	week	(14)
нельзя́	不许,不可能	not, impossible	(15)
нема́ло	不少	many, much	(14)
немно́го	不多,一点	a little, no much	(9)
непло́хо	不错地	nicely, no badly	(11)
не́сколько	几个,一些	several	(14)
нет	不,不是,不对(否定回答)	no, not	(5)
неуже́ли	难道,莫非	really, surely	(16)
ничего́	不要紧,没有关系;还好	not (too) badly; all right	(13)
но	但是	but	(2)
но́вый	新的	new	(4)
нога́	脚,腿	foot, leg	(3)
нож	刀子	knife	(4)
ноль	零,零度	zero	(16)
но́мер	号,号码;(音乐会演出的某一节目)	number; programme	(16)
нос	鼻子	nose	(2)
ночь	夜晚	night	(5)
но́чью	(在)夜里	by night	(5)
ноя́брь	十一月	November	(8)
нра́виться//понра́ви-	引起(某人)爱慕;使(某人感	to please; to like	(15)

ться	到)喜欢		
ну	是吗？真的吗？喂(表示催促、号召等)	not really? well, come on	(9)
нýжно	需要	need	(15)

О

о/ об	关于	about	(6)
óба	两者都	both	(9)
обéд	午饭	lunch, dinner	(6)
обéдать//пообéдать	吃午饭	to have lunch, dinner	(6)
обещáть//пообещáть	答应,允诺	to promise	(15)
óбувь	鞋	foot wears, shoes	(6)
общежúтие	宿舍	dormitory	(5)
объяснять//объяснúть	讲解,说明	to explain	(12)
обычно	通常	usually, as a rule	(5)
обязáтельно	一定	without fail, definitely	(12)
óвощи	蔬菜	vegetables	(5)
огурéц	黄瓜	cucumber	(16)
одúн	一	one	(5)
одúннадцать	十一	eleven	(14)
однáжды	有一天	once, one day	(17)
óзеро	湖	lake	(7)
окáнчивать//окóнчить	毕业,读完	to finish, end	(16)
окнó	窗户	window	(2)
октябрь	十月	October	(8)
он	他,它	he, it	(2)
онá	她,它	she, it	(2)
онú	他们,它们	they	(4)
онó	它	it	(2)
опáздывать//опоздáть	迟到,误点,未赶上	to be late	(18)
опáсно	危险	dangerous	(2)
операция	手术	operation	(15)
óпытный	有经验的	experienced	(14)
опять	又,再,再一次	again	(17)
óсень	秋天	autumn	(7)
óсенью	(在)秋天	in autumn	(7)
остановка	(公共汽车、电车、火车等的)停车站,一站路(两站之间的	stop	(18)

	距离)		
óстров	岛	island	(18)
от	从……,由……	from	(1)
ответ	回答,答复,回信	answer, reply	(14)
отвечать// ответить	回答	to answer, reply	(7)
отдыхать// отдохнуть	休息	to be resting	(5)
отец	父亲	father	(5)
открывать// открыть	打开;开办;开始	to open	(17)
откуда	从哪里	where, from which	(13)
отправляться // отправиться	出发,前往	to leave, depart	(16)
очень	很,非常	very	(6)

П

пальто	大衣	(over)coat	(10)
папа	爸爸	dad	(1)
парк	公园;场;库	park	(9)
паспорт	护照	passport	(3)
педагогический	师范的	pedagogical, educational	(10)
Пекин	北京	Beijing, Peking	(7)
пекинский	北京的	Beijing, Peking	(10)
пенсионер/ пенсионерка	退休者(阳/阴)	pensioner	(13)
первый	第一	first	(11)
переводить// перевести	翻译;领过去;调任	to translate; to take across; to move	(11)
переводчик/ переводчица	翻译工作者,翻译(阳/阴)	translator	(17)
передавать// передать	交给,转交	to pass, transfer	(15)
перерыв	休息	break	(6)
песня	歌曲	song	(9)
петь// спеть	唱,歌唱	to sing	(9)
пешком	步行	on foot	(18)
пиво	啤酒	beer	(6)
писатель/ писательница	作家	writer, authour	(7)
писать// написать	写	to write	(6)
письмо	信;书写;写作	letter; writing	(7)

пла́тье	衣服；连衣裙	clothes；dress	(9)
плащ	风衣	cloak	(5)
плохо́й	不好的	bad, poor	(10)
пло́щадь	广场	square	(9)
пляж	浴场	beach	(18)
по	沿着……，在……	on, along	(15)
по-англи́йски	用英语	in English	(7)
по́вар	厨师	cook	(3)
повторя́ть//повтори́ть	重复；复习	to repeat；to revise	(12)
пого́да	天气	weather	(3)
пода́рок	礼物	present, gift	(14)
подру́га	（女）朋友	(female) friend	(3)
по́езд	火车	train	(4)
пое́хать	（乘车、船等）前往，出发	to go (in or on vehicle)	(15)
пожа́луйста	请	please	(7)
позавчера́	前天	the day before yesterday	(9)
пойти́	开始走，走起来	to begin to walk	(12)
пока́	暂时；趁……的时候；一会儿见	for the present；while；bye-bye	(2)
пока́зывать//показа́ть	把……给……看	to show, display	(15)
по-кита́йски	用汉语	in Chinese	(7)
покупа́ть//купи́ть	买	to buy	(11)
по́ле	田野；场地	field；playing field	(7)
поликли́ника	门诊部	clinic	(11)
по́лка	书架	shelf	(4)
получа́ть//получи́ть	收到；得到	to get, receive；to obtain	(12)
помидо́р	西红柿	tomato	(16)
по́мнить	记得，记住	to remember	(13)
помога́ть//помо́чь	帮助；发挥作用	to help, aid；to relieve, bring helief	(15)
по-мо́ему	据我看来，我认为	in my opinion	(13)
по́мощь	帮助，救援	help, assistance	(18)
понеде́льник	星期一	Monday	(7)
понима́ть//поня́ть	明白，理解	to understand	(13)
пора́	时候，时刻；是……的时候了，该……了	time；it is time	(17)
порт	港，港口	port	(14)
портре́т	肖像	portrait	(14)
по-ру́сски	用俄语	in Russian	(7)

по-своему	按自己的方式	on his own	(13)
посещáть// посетúть	拜访,访问,参观	to attend, visit	(11)
пóсле	在……之后,以后	after, since	(17)
послезáвтра	后天	the day after tomorrow	(11)
поступáть// поступúть	办,做;进入,参加	to act; to enter, join	(16)
потóм	然后	then, after	(1)
потомý	因此,所以	that is why	(1)
потомý что	因为	beause, as	(13)
похóжий	与……相像的,像……的	like, similar, alike	(13)
почемý	为什么	why	(10)
пóчта	邮局;邮件	post office; post	(5)
почтú	几乎,差不多	almost, nearly	(17)
поэ́т	诗人	poet	(1)
поэ́тому	所以,因此	therefore, and so	(1)
прáвда	真情;真理	truth, the truth; justice	(16)
прáздник	节日	holiday	(13)
прáздничный	节日的,假日的	holiday, festival	(13)
предмéт	(教学)课程	subject	(11)
преподавáтель/преподавáтельница	教师(阳/阴)	teacher, lecturer, instructor	(7)
преподавáть	教(学);执教	to teach	(13)
привéт	问候,致意	greeting(s), regards	(7)
привыкáть // привы́кнуть	习惯;学会	to get into the habit (of); to get accustomed (to), to get used (to)	(17)
приглашáть// приглас́ить	邀请;聘请	to invite, ask	(12)
прúгород	市郊	suburb	(18)
приготáвливать// приготóвить	把……准备好	to prepare	(15)
приезжáть// приéхать	(乘车、马、船)来到	to arrive, come (not on foot)	(13)
принимáть// приня́ть	录取;接受	to take; to accept	(14)
приносúть// принестú	带来,拿来	to bring	(16)
приходúть// прийтú	到来,来到	to come, arrive	(15)
прия́тно	愉快地;高兴	pleasantly, nicely	(15)
прия́тный	愉快的	nice, pleasant	(18)
проблéма	(需解决、研究的)复杂问题,	proplem	(17)

	课题；难题		
пробовать// попробовать	试验；品尝；试图，尝试	to try (to), attempt (to); to test	(12)
проверять// проверить	检查；测验	to check, verify; to test	(12)
провинция	省	province	(13)
программа	大纲；节目单；程序	program; application	(16)
программист	程序设计员，软件工程师	(computer) programmer	(16)
продавец/ продавщица	售货员（阳/阴）	seller, kendor	(15)
продолжать// продолжить	继续	to continue, go on	(17)
происходить// произойти	发生；起源	to happen, occur, take place; to come (from, of), be descended (from)	(18)
просить// попросить	请求	to ask(for), beg	(14)
проспект	马路	avenue	(6)
профессия	职业	profession	(17)
профессор	教授	professor	(11)
проходить// пройти	走过去，走到；学完	to pass, go; to do, take	(15)
прошлый	过去的，上次的	former, past	(16)
птица	鸟，禽	bird	(16)
птичий	鸟的	bird, birdlike	(16)
путешествие	旅游，游览，旅行	journey, trip	(18)
пушкинский	普希金的	Pushkin	(15)
пятёрка	数字5；(学校成绩)五分	five; 'A'	(12)
пятнадцать	十五	fifteen	(14)
пятый	第五	fifth	(18)
пять	五	five	(6)
пятьдесят	五十	fifty	(16)

Р

работа	工作，作品	work, labor	(3)
работать	工作	to work	(5)
рабочий	工人；工人的；办公的	worker, workman; worker's, working	(10)
радио	广播	radio	(5)
раз	次，回	time, bout	(14)
разговаривать	交谈	to talk (to, with), speak (to, with), converse (with)	(7)
разговор	谈话	talk, conversation	(15)

ра́зный	不同的	different	(14)
ра́но	早	early	(3)
ра́ньше	以前，从前	before, formerly	(9)
расска́з	讲述；故事；短篇小说	story; account	(10)
расска́зывать//расска́зать	讲述	to tell (of)	(9)
ребёнок	小孩，孩子	child	(16)
ребя́та	小伙子们；同学们，同伴们（复）	children, boys, lads	(9)
ре́дко	很少地	rarely, seldom	(14)
река́	河	river	(6)
репорта́ж	报道	report	(13)
реша́ть//реши́ть	决定；解答，解决	to decide; to solve, settle	(12)
рис	米饭，大米	rice	(6)
рисова́ть//нарисова́ть	素描，画（素描）画	to draw, paint	(11)
рису́нок	图画	picture	(11)
ро́вно	恰好，整整	exactly, precisely	(16)
роди́тели	父母，双亲（复）	parents	(10)
роди́ться	出生；产生（未，完）	to be born; to arise, come into being	(10)
родно́й	家乡的；亲爱的	native, home; dear	(10)
ро́дственник/ро́дственница	亲戚，亲属（阳/阴）	relation, relative	(11)
рожде́ние	出生	birth	(15)
рома́н	长篇小说	novel	(12)
Росси́я	俄罗斯	Russia	(7)
руба́шка	衬衫	shirt	(12)
рубль	卢布	rouble	(7)
рука́	手	hand	(3)
руси́ст	俄罗斯语文学家，从事俄语的人	Russianist	(14)
ру́сский	俄罗斯的	Russian	(7)
ру́сско-кита́йский	俄汉的	Russian-Chinese	(11)
ру́чка	钢笔	pen	(5)
ры́ба	鱼	fish	(12)
рыба́к	渔民	fisherman	(18)
ры́нок	市场	market (-place)	(3)
рю́мка	高脚酒杯	glass	(6)
ря́дом	旁边，并列着；在一起	alongside, side by side; near	(12)

С

с	和,带;从	with; from	(13)
сад	花园,果园	garden	(3)
сайт	网站	website	(4)
салáт	沙拉	salad	(4)
сам	自己,本人;独自	myself	(16)
сáмый	正是;最,极	the very, right; the most	(16)
санатóрий	疗养院,疗养所	sanatorium	(6)
Санкт-Петербýрг	圣彼得堡	St Petersburg	(6)
Сарáтов	萨拉托夫	Saratov	(10)
сáхар	糖	sugar	(3)
свéжий	新鲜的;清新的	fresh	(10)
свобóдный	空闲的;自由的	free; easy	(11)
свой	自己的	one's own	(10)
сдавáть//сдать	移交;出租;放弃;考试(及格)	to hand over, pass; to let, let out, hire out; to give up; to pass (an examination)	(12)
себя́	自己	oneself	(7)
сéвер	北,北面;北方	north	(17)
сегóдня	今天	today	(7)
седьмóй	第七	seventh	(18)
сейчáс	现在,马上	now, at present	(7)
семнáдцать	十七	seventeen	(14)
семь	七	seven	(14)
сéмьдесят	七十	seventy	(16)
семья́	家庭,一家人	family	(7)
сентя́брь	九月	September	(8)
сéрдце	心脏;内心;中心	heart; center	(17)
серьёзно	严肃地,认真地	seriously	(12)
сестрá	姐妹	sister	(7)
Сибúрь	西伯利亚	Siberia	(15)
сидéть	坐着	to sit	(10)
сúльный	力气大的,强健有力的;猛烈的	strong, powerful	(18)
сúний	蓝色的	(dark) blue	(10)
скажú(те)	请问(命令式)	excuse me	(9)
скóлько	多少	how many, how much	(7)
скóро	快,很快	quickly, soon	(16)
слéва	在左面;从左边	on the left; from left	(16)
словáрь	字典	dictionary	(6)

слово	单词	word	(4)
случа́ться// случи́ться	发生	to happen	(17)
слу́шать	听	to listen (to)	(5)
слы́шать// услы́шать	听说;听见	to hear	(13)
сме́лый	勇敢的	bold, audacious, daring	(18)
смотре́ть// посмо-ре́ть	看	to look (at)	(6)
снача́ла	开始,最初	at first, at the beginning	(15)
снег	雪	snow	(5)
снима́ть// снять	拿下;脱下;免去;租下来	to take off; to take down; to take, rent (a house)	(12)
соба́ка	狗	dog	(3)
собира́ться// собра́-ться	聚到一起,集合	to gather, assemble	(9)
собра́ние	会议	meeting	(5)
со́бственный	私人的;自己的	(one's) own	(17)
сове́товать// посове́-товать	建议	to advise	(17)
совреме́нный	现代的	morden	(12)
сок	果汁	juice	(2)
со́лнце	太阳;阳光	sun	(18)
сон	梦	dream	(2)
со́рок	四十	forty	(14)
сосе́д/ сосе́дка	邻居;邻座的人(阳/阴)	neighbour	(11)
составля́ть// соста́-вить	编辑;组成	to make, draw up; to form, total	(16)
со́ус	调味汁	sauce	(2)
сочине́ние	作文	composition, eassay	(9)
спаси́бо	谢谢	thank you, thanks	(7)
спекта́кль	演出	performance, show	(12)
специа́льность	专业	major	(10)
спорт	体育	sport	(3)
спортза́л	体育馆	sports hall	(13)
спортсме́н / спортсме́-нка	运动员(阳/阴)	sportsman	(17)
спра́ва	在右面;从右边	on the right; from right	(16)
спра́шивать// спроси́ть	问,打听	to ask (about), inquire (about)	(13)
среда́	星期三	Wendnesday	(6)
сре́дний	中等的	middle	(10)
Сре́дняя Азия	中亚	Central Asia	(13)

стадион	体育场	stadium	(7)
стакан	杯子	glass, tumbler	(3)
становиться// стать	站起;开始;成为	to stand; to begin; to become	(17)
старшекурсник/ старшекурсница	(大学的)高年级学生(阳/阴)	senior student	(12)
старший	年岁最大的;年长的	elder, older; eldest, oldest	(10)
старый	旧的	old	(4)
статья	文章	article	(12)
стена	墙壁	wall	(12)
стихи	诗	poetry	(7)
сто	一百	hundred	(2)
стоить	值(多少),价钱是	to cost	(15)
стол	桌子	table	(4)
столовая	餐厅	dining-room	(9)
стоп	停住,站住	stop	(2)
стоять	站着,立放	to stand	(9)
страна	国家	country, land	(14)
строить// построить	建筑,建造,制造	to make, build	(12)
студент/ студентка	大学生(阳/阴)	student, undergraduate	(7)
студенческий	大学生的	student	(12)
стул	椅子	chair	(4)
суббота	星期六	Saturday	(3)
Суздаль	苏兹达尔	Suzdal	(14)
сумка	手提包	bag	(3)
суп	汤	soup	(2)
сухо	干燥	dryly	(3)
счастливый	幸福的	happy, lucky	(13)
счастье	幸福	happiness	(5)
считать	数;认为	to cunt; to think	(5)
сын	儿子	son	(2)
сыр	干酪,乳酪	cheese	(17)

Т

так	这样	so, thus, in this way	(2)
такой	这样的	such, so	(9)
такси	出租车	taxi	(7)
там	那里	there	(1)
танцевать// станцевать	跳舞	to dance	(11)
твой	你的	your	(4)

теа́тр	剧院	theatre	(5)
театра́льный	戏剧的,舞台的	theatre, theatrical	(17)
текст	课文	text	(5)
телеви́зор	电视	television set	(9)
телефо́н	电话	telephone	(7)
темно́	黑,暗	darkly	(5)
температу́ра	体温;气温	temperament	(13)
те́ннис	网球(运动)	tennis	(17)
тепе́рь	现在	now, nowadays	(9)
тетра́дь	练习簿	notebook, exercise book	(5)
тётя	姨,姑,婶	aunt	(5)
техни́ческий	技术的	technical	(16)
ти́хий	(声音)低的;寂静的,平静的	quiet	(12)
ти́хо	安静	quietly	(5)
то	那么	then, so	(18)
това́рищ	同学,同事,同志	comrade	(9)
тогда́	那时候;那么,在这种情况下	then; while	(18)
то́же	也	also, as well, too	(4)
то́лько	仅仅,只	only	(7)
тома́т	番茄	motato	(1)
торго́вый	贸易的	trade, commercial	(10)
торт	蛋糕	cake	(3)
трамва́й	有轨电车	train	(3)
тре́нер	教练员	trainer, coach	(17)
тре́тий	第三	third	(18)
три	三	three	(6)
три́дцать	三十	thirty	(14)
трина́дцать	十三	thirteen	(14)
тролле́йбус	无轨电车	trolley, trolley bus	(14)
тру́дно	困难地;吃力,很难	difficultly, it is hard, difficult	(12)
тру́дный	费力的,难的;艰难的,困苦的	difficult, hard	(12)
туале́т	盥洗室,厕所	toilet, restroom	(12)
туда́	往那里,往那边	there, that way	(18)
тури́ст/тури́стка	旅行者,旅游者(阳/阴)	tourist, visitor	(16)
тут	这里	here	(1)
ту́фли	布鞋	shoes	(7)
ты	你	you	(4)
ты́сяча	一千	thousand	(14)
тяжело́	重;觉得困难,吃力;痛苦	seriously, gravely; it is heavy	(17)

У

у	在……旁边,在……那里	by, at	(1)
удо́бный	方便的	convenient, suitable, opportune	(13)
удово́льствие	愉快,高兴	pleasure	(14)
уже́	已经	already, by now	(10)
у́жин	晚饭	supper	(4)
у́жинать//поу́жинать	吃晚饭	to have supper	(5)
узнава́ть//узна́ть	认出;得知,打听到	to recognize; to learn, hear	(16)
у́ксус	醋	vinegar	(2)
у́лица	马路	street	(7)
ум	智慧,智力	mind, intellect, wits	(1)
умыва́ться//умы́ться	洗脸	wash (oneself)	(17)
универма́г	百货商店	department store	(15)
университе́т	大学	university	(9)
университе́тский	大学的	university	(15)
упражне́ние	习题,作业	exercising	(9)
уро́к	功课,课	lesson, homework	(3)
у́тка	鸭子	duck	(2)
у́тро	早晨	morning	(3)
у́тром	在早晨	in the morning	(3)
у́хо	耳朵	ear	(3)
учёба	学习	studies, studying	(7)
уче́бник	教科书	text-book	(5)
уче́бный	教学的	educational, school	(14)
учени́к/учени́ца	(中小学的)学生(阳/阴)	schoolchild, pupil	(9)
учи́тель/учи́тельница	(中小学的)教师(阳/阴)	teacher	(7)
учи́ть//вы́учить	学,背诵;教	to learn, memorize; to teach	(12)
учи́ться//научи́ться	学习	to learn, study	(9)

Ф

факульте́т	系	department, faculty	(10)
фами́лия	姓	surname	(13)
февра́ль	二月	February	(8)
фи́зика	物理学	physics	(16)
филологи́ческий	语文(学)的	philological	(11)
фильм	影片	film	(7)
фи́рма	公司	firm	(10)
фонта́н	喷泉	fountain	(3)

фо́то	照片	photo	(13)
фотоаппара́т	照相机,摄影机	camera	(13)
фотографи́ровать// сфотографи́ровать	摄影,照相	to photograph	(11)
фотографи́роваться// сфотографи́роваться	摄影,照相	to be photographed, have one's photo taken	(9)
фотогра́фия	照片	photograph	(11)
фру́кты	水果(复)	fruits	(12)
футбо́л	足球	football	(4)

X

хи́мик	化学家	chemist	(7)
хими́ческий	化学的	chemical	(17)
хи́мия	化学	chemistry	(7)
хлеб	面包	bread	(7)
ходи́ть	走,去,走动;穿着(未)	to go (on foot); to wear	(16)
хо́лодно	冷	coldly	(15)
холо́дный	冷的,寒冷的;冷淡的	cold, cool	(17)
хоро́ший	好的	good, nice	(7)
хорошо́	好;好吧	well; it is good	(6)
хоте́ть	想(未)	to want, desire	(6)
хотя́	虽然	although, though	(12)
худо́жник	艺术家	artist	(5)

Ц

цветы́	花	flowers	(7)
цена́	价格	price, cost	(4)
центр	中心	centre	(4)
цех	车间	workshop	(4)
цирк	杂技	circus	(4)
цифрово́й	数码的,数字的	numerical, digital	(13)

Ч

чай	茶	tea	(5)
ча́йка	海鸥	sea gull	(18)
час	小时,钟头	hour	(5)
ча́сто	经常	often, frequently	(6)
часы́	钟表(复)	clock, watch	(5)
чей	谁的	whose	(5)

человéк	人	man, person	(10)
чемпиóн	冠军	champion	(5)
четвéрг	星期四	Thursday	(6)
четвёрка	数字4;(学校成绩)四分	four, good (as school mark)	(12)
четвёртый	第四	fourth	(18)
четы́ре	四	four	(6)
четы́рнадцать	十四	fourteen	(14)
чи́сто	干净地,整洁地	cleanly	(5)
чи́стый	干净的	clean	(11)
читáльный	阅读用的	reading	(12)
читáльный зал	阅览室	reading-room	(12)
читáть//прочитáть	读	to read	(5)
что	什么	what	(4)

Ш

шáпка	帽子	hat, cap	(4)
шарф	围巾,头巾	scarf	(15)
шáхматы	国际象棋;象棋(复)	chess	(5)
шестнáдцать	十六	sixteen	(14)
шестóй	第六	sixth	(12)
шесть	六	six	(6)
шестьдесят	六十	sixty	(16)
шкаф	柜子	cupboard	(4)
шкóла	中、小学校	school	(4)
шкóльник/шкóльница	(中、小学的)学生(阳/阴)	schoolchild, pupil	(16)
шкóльный	中小学的	school	(9)
шофёр	司机	driver	(6)

Э

экзáмен	考试	exam, examination	(12)
экономи́ст	经济学家	economist	(13)
экономи́ческий	经济的	economic	(13)
экскýрсия	游览,参观	excursion, tour, trip	(13)
этáж	楼层	storey, floor	(12)
э́то	这是	This is, That is	(1)
э́тот	这个	this	(10)

Ю

юг	南方,南	south, the South	(5)
ю́ноша	少年	youth (person)	(13)

юриди́ческий	法律(上)的	legal, juridical	(14)

Я

я	我	I	(4)
я́блоко	苹果	apple	(4)
язы́к	语言；舌头	language; tongue	(5)
яйцо́	鸡蛋	egg	(4)
янва́рь	一月	January	(8)
япо́нский	日本的	Japanese	(14)

附录Ⅲ 第一册重点词汇

共性名词
коллéга　　　　　　　　　　[阳及阴]同事,同行

以-ь 结尾的名词
автомобúль　　　　　　　　[阳]汽车
апрéль　　　　　　　　　　[阳]四月
гость　　　　　　　　　　　[阳]客人
декáбрь　　　　　　　　　　[阳]十二月
день　　　　　　　　　　　[阳]天,日子
дочь　　　　　　　　　　　[阴]女儿
жизнь　　　　　　　　　　　[阴]生活;生命
июль　　　　　　　　　　　[阳]七月
июнь　　　　　　　　　　　[阳]六月
мать　　　　　　　　　　　[阴]母亲
ноябрь　　　　　　　　　　[阳]十一月
óбувь　　　　　　　　　　　[阴]鞋
октябрь　　　　　　　　　　[阳]十月
писáтель　　　　　　　　　[阳]作家
плóщадь　　　　　　　　　　[阴]广场
пóмощь　　　　　　　　　　[阴]帮助,救援
преподавáтель　　　　　　　[阳]教师
рубль　　　　　　　　　　　[阳]卢布
сентябрь　　　　　　　　　[阳]九月
спектáкль　　　　　　　　　[阳]演出
специáльность　　　　　　　[阴]专业
тетрáдь　　　　　　　　　　[阴]练习
учúтель　　　　　　　　　　[阳](中小学的)教师
феврáль　　　　　　　　　　[阳]二月
янвáрь　　　　　　　　　　[阳]一月

复数形式特殊的名词(1、重音发生变化 2、构成复数时辅音 г,к,х,ж,ш,ч,щ 后不写-ы 3、以带重音-а,-я 结尾的复数形式 4、某些阳性名词复数形式元音-о-,-е-脱落 5、某些阳性、中性名词的复数形式特殊)

áдрес — адресá	地址
брат — брáтья	兄弟
веснá — вёсны	春天
вéчер — вечерá	晚上；晚会
водá — вóды	水
врач — врачи́	医生
врéмя — временá	时间；季节
головá — гóловы	头
горá — гóры	山
гóрод — городá	城市
городóк — городки́	小城市；镇
день — дни	天，日子
дéрево — дерéвья	树
дирéктор — директорá	厂长，经理；院长
дом — домá	房子
дочь — дóчери	女儿
друг — друзья́	朋友
женá — жёны	妻子
зимá — зи́мы	冬天
игрá — и́гры	游戏；竞赛
и́мя — именá	名字
китáец — китáйцы	中国人
кýрица — кýры	鸡，母鸡
мать — мáтери	母亲
муж — мужья́	丈夫
нóмер — номерá	号，号码；(报纸、杂志的)期；(电、汽车等的)路；(宾馆等的)房间；(音乐会演出的某一)节目
óстров — островá	岛
пáспорт — паспортá	护照
пóвар — поварá	厨师
пóезд — поездá	火车
профéссор — профессорá	教授
ры́нок — ры́нки	市场
снег — снегá	雪
сосéд — сосéди	邻居
ýхо — ýши	耳朵
учи́тель — учителя́	(中小学的)教师
хлеб — хлéбы 或 хлебá	面包
я́блоко — я́блоки	苹果

只有复数的名词

брю́ки　　　　　　　　　　　裤子

де́ти　　　　　　　　　　　　孩子们

кани́кулы　　　　　　　　　（学校的）假期

лю́ди　　　　　　　　　　　人们

о́вощи　　　　　　　　　　　蔬菜

ту́фли　　　　　　　　　　　布鞋

цветы́　　　　　　　　　　　花

часы́　　　　　　　　　　　钟表

第二格特殊的名词

лимо́н — лимо́ну　　　　　　柠檬

мёд — мёду　　　　　　　　 蜂蜜

наро́д — наро́ду　　　　　　 人民

раз — ра́зу　　　　　　　　　次，回

са́хар — са́хару　　　　　　　糖

сок — со́ку　　　　　　　　　果汁

суп — су́пу　　　　　　　　　汤

сыр — сы́ру　　　　　　　　 奶酪

хлеб — хле́бу　　　　　　　　面包

чай — ча́ю　　　　　　　　　茶

第六格特殊的名词

бе́рег — на берегу́　　　　　　在岸上

ве́тер — на ветру́　　　　　　在风中

год — в году́　　　　　　　　在一年里

мёд — в меду́　　　　　　　　在蜂蜜里

нос — на носу́　　　　　　　　在鼻子上

сад — в саду́　　　　　　　　在花园里

шкаф — в шкафу́　　　　　　在柜子里

变格特殊的名词(1、单复数各格重音都发生变化 2、单数第四格重音发生变化 3、复数各格重音发生变化 4、变格时发生元音脱落 5、复数形式特殊)

весна́ — 复 вёсны, вёсен, вёснам　　　　　　　春天

ве́тер — ве́тра, на ветру́, 复 ве́тры　　　　　　　风

вода́ — 四格 во́ду, 复 во́ды　　　　　　　　　水；饮料；水域

врач — врача́　　　　　　　　　　　　　　　医生

вре́мя — вре́мени　　　　　　　　　　　　　时间

год — 复 го́ды, лет, года́м　　　　　　　　　　年

голова́ — 四格 го́лову, 复 го́ловы, голо́в, голова́м　　头

гора́ — 四格 го́ру, 复 го́ры, гор	山
городо́к — городка́	小城;镇
день — дня, дню, день, днём, о дне, 复 дни, дней	天,日子
дере́вня — 复 дере́вни, дереве́нь, деревня́м	农村
дире́ктор — 复 директора́, директоро́в	厂长,经理;院长
дом — 复 дома́, домо́в	房子
дочь — до́чери, до́чери, дочь, до́черью, до́чери, 复 до́чери, дочере́й, дочеря́м дочерьми́(дочеря́ми), о дочеря́х	女儿
друг — 复 друзья́, друзе́й, друзья́м	朋友
жена́ — 复 жёны, жён, жёнам	妻子
зима́ — 四格 зи́му, 复 зи́мы, зим, зи́мам	冬天
игра́ — 复 и́гры, игр, и́грам	游戏;竞赛
и́мя — и́мени, 复 имена́, имён	名字
иностра́нец — иностра́нца	外国人
кита́ец — кита́йца	中国人
ку́рица — 复 ку́ры, кур, ку́рам	鸡,母鸡
мать — ма́тери, ма́тери, мать, ма́терью, о ма́тери, 复 ма́тери, матере́й	母亲
ме́сто — 复 места́, мест, места́м	地方;座位
мо́ре — 复 моря́, море́й, моря́м	大海
москви́ч — москвича́	莫斯科人
мост — мо́ста 或 моста́, 复 мосты́	桥
муж — 复 мужья́, муже́й, мужья́м	丈夫
нога́ — 四格 но́гу, 复 но́ги, ног, нога́м	腿,脚
нож — ножа́	刀子
ноль — ноля́	零,零度
но́мер — 复 номера́, номеро́в	号,号码;(报纸、杂志的)期;(电、汽车等的)路;(宾馆等的)房间;(音乐会演出的某一)节目
ночь — в ночи́, 复 но́чи, ноче́й	夜晚
ноя́брь — ноября́	十一月
о́вощи — овоще́й	蔬菜
огуре́ц — огурца́	黄瓜
о́зеро — 复 озёра, озёр, озёрам	湖
окно́ — 复 о́кна, о́кон, о́кнам	窗户
октя́брь — октября́	十月
о́стров — 复 острова́, острово́в	岛
оте́ц — отца́	父亲
па́спорт — 复 паспорта́, паспорто́в	护照
письмо́ — 复 пи́сьма, пи́сем	信;写作

плащ — плаща́	风衣
пло́щадь — 复 пло́щади, площаде́й	广场
по́вар — 复 повара́, поваро́в	厨师
пода́рок — пода́рка	礼物
по́езд — 复 поезда́, поездо́в	火车
пора́ — 四格 по́ру, 复 по́ры, пор, пора́м	时候, 时刻
продаве́ц — продавца́	售货员
профе́ссор — 复 профессора́, профессоро́в	教授
река́ — 四格 реку́ 或 ре́ку, 复 ре́ки, рек, ре́кам	河
рубль — рубля́	卢布
рука́ — 四格 ру́ку, 复 ру́ки, рук, рука́м	手
рыба́к — рыбака́	渔民
ры́нок — ры́нка	市场
сад — в саду́, 复 сады́, садо́в	花园, 果园
семья́ — 复 се́мьи, семе́й, се́мьям	家庭, 家人
сентя́брь — сентября́	九月
се́рдце — 复 сердца́, серде́ц, сердца́м	心脏
сестра́ — 复 сёстры, сестёр, сёстрам	姐妹
слова́рь — словаря́	字典
сло́во — 复 слова́, слов, слова́м	单词
сон — сна	梦
сосе́д — 复 сосе́ди, сосе́дей, сосе́дям	邻居
среда́ — 四格 сре́ду, 复 сре́ды, сред, среда́м	星期三
статья́ — 复 статьи́, стате́й	文章
стена́ — 四格 сте́ну, 复 сте́ны, стен, стена́м	墙壁
стих — 复 стихи́, стихо́в	诗
стол — стола́	桌子
страна́ — 复 стра́ны, стран, стра́нам	国家
стул — 复 сту́лья, сту́льев, сту́льям	椅子
суп — 复 супы́, супо́в	汤
сын — 复 сыновья́, сынове́й, сыновья́м	儿子
сыр — 复 сыры́, сыро́в	干酪, 奶酪
ум — ума́	智慧, 智力
у́тро — у́тра (с утра́, до утра́, до утра́), у́тру (к утру́), 复 у́тра, утр, у́трам (по утра́м)	早晨
у́хо — 复 у́ши, уше́й	耳朵
учи́тель — 复 учителя́, учителе́й	(中小学的)教师
февра́ль — февраля́	二月
хлеб — 复 хле́бы, хле́бов 或 хлеба́, хлебо́в	面包
цена́ — 四格 це́ну, 复 це́ны, цен, це́нам	价格

чай — 复 чай, чаёв	茶
час — чáса 或 часá	小时,钟头
человéк — 复二 человéк	人
четвéрг — четвергá	星期四
шкаф — в шкафý, 复 шкафы́, шкафóв	柜子
этáж — этажá	楼层
я́блоко — 复 я́блоки, я́блок	苹果
язы́к — языкá	语言;舌头
яйцó — 复 я́йца, яи́ц, я́йцам	鸡蛋
янвáрь — января́	一月

不变化的名词(均为中性)

кафé	咖啡馆,小吃店
кинó	影院
метрó	地铁
пальтó	大衣
рáдио	广播
такси́	出租车
фóто	照片

要求第二格的前置词

без	没有,不带
из	自,从,从……里(往外)
от	从……,由……
пóсле	在……之后,以后
у	在……旁边,在……那里

要求第三格的前置词

к	向,朝;快到……的时候
по	沿着……,在……

要求第五格的前置词

за	由于,因为;到……后面;在……后面
с	和……一起

要求第四格和第六格的前置词

в	向,往,到……里;在……里
на	往,向……上面;在……上(面)

与前置词 *на* 连用的名词

на автóбусе (éздить)	坐公共汽车
на берегý	在岸边
на велосипéде (éздить)	骑自行车
на вéчере	在晚会上
на ветрý	在风中
на вокзáле	在火车站
на востóке	在东方
на вы́ставке	在展览会上
на вертолёте (летáть)	(坐)直升飞机
на гитáре (игрáть)	(弹)吉他
на горé	在山上
на Дáльнем Востóке	在远东
на дорóге	在路上
на завóде	在工厂
на заня́тии	在课堂
на каникулах	在假期
на кáрте	在地图上
на кинофестивáле	在电影节
на концéрте	在音乐会
на кýрсе	在……年级
на кýхне	在厨房
на лéкции	在讲座上
на лóдке	在船上
на маши́не (éздить)	(乘)汽车
на носý	在鼻子上
на óзере	在湖上
на окнé	在窗台上
на Олимпи́йских и́грах	在奥运会上
на останóвке	在站台上
на óстрове	在岛上
на плóщади	在广场上
на пля́же	在浴场上
на пóезде (éздить)	(乘)火车
на поéздке	在旅行中
на пóле	在田野
на пóлке	在书架上
на пóчте	在邮局
на проспéкте	在马路上
на рабóте	在班上
на рекé	在河上

на рояле (играть)	(弹)钢琴
на руке	在手上
на рынке	在市场上
на севере	在北方
на снегу	在雪上
на собрании	在会议上
на спектакле	在演出上,在剧上
на стадионе	在体育场
на стене	在墙上
на столе	在桌子上
на стуле	在椅子上
на улице	在马路上
на уроке	在课堂上
на факультете	在……系
на фото	在照片上
на фотографии	在照片上
на часах	在表上
на шкафу	在柜子上
на экзамене	在考场上
на экскурсии	在旅游中
на этаже	在……层
на юге	在南方

要求第二格的动词

бояться	害怕,怕;担心

要求第三格的动词

мешать	妨碍,影响
учиться	学习
советовать	建议
идти	适合
нравиться	喜欢
помогать	帮助,援助

要求第五格的动词

быть	是
заниматься	从事,做
интересоваться	对……感兴趣,关心
работать	作……职业
стать	成为

变格特殊的形容词

птúчий（птúчья, птúчье, птúчьи）　　　　　鸟的

трéтий（трéтья, трéтье, трéтьи）　　　　　第三

参考文献

[1] ДУБРОВИН. М И Школьный англо-русский словарь[M]. Москва:Иностранный язык,2001.
[2] 黑龙江大学辞书研究所. 俄汉详解大词典[M]. 哈尔滨:黑龙江人民出版社,1998.
[3] 全国高等学校外语专业教学指导委员会俄语教学指导分委员会. 高等学校俄语专业教学大纲[M]. 北京:外语教学与研究出版社,2012.
[4] 史铁强,张金兰. 大学俄语(东方新版Ⅰ)[M]. 北京:外语教学与研究出版社,2012.
[5] 王利众. 高等学校俄语专业四级考试必备:词汇篇[M]. 北京:外语教学与研究出版社,2011.
[6] 王利众,童丹. 大学俄语(东方新版)一课一练(第一册)[M]. 北京:外语教学与研究出版社,2011.